KB033841

파랑새를 만난 한국인

문미선

은석초등학교	졸업
이화여자중고등학교	졸업
한국 외국어대학교	학사
독일 함부르크대학교	수학
미국 미시간대학교	석사
독일 자를란트대학교	수학
미국 미시간대학교	박사
미국 그린마운틴대학	강의교수
독일 슈투트가르트대학교	연구교수
미국 미시간대학교	연구교수
독일 뷔르츠부르크대학교	연구교수
한국 독어학회 회장	
한국 독어독문학회 회장	

현재 서울여자대학교 독어독문학과 교수

ⓒ삼우실

■ 길라잡이

이 책에서 여러분은 파랑새와 함께 날게 될 것입니다.

경청하는

1906년 벨기에 작가 모리스 마테를링크는
틸틸과 마틸 남매가
요술쟁이 할머니의 부탁으로
파랑새를 찾아 나서는 희곡 동화를 완성하였습니다.

토론하는

서양인에게 파랑새는 행복의 상징이자 대명사입니다.

미국의 한 SNS 회사는 온라인의 광장을 열어
사람들이 수많은 파랑새를 하늘에 날게 하였습니다.

행동하는

행복은 21세기의 한국인에게도 소중한 가치입니다.

그렇다면 21세기 한국인은
어떻게
보석처럼 빛나는 지구촌 별들 사이를
날 수 있을까요?

서양의 파랑새를 깊이 이해하고
우리의 진정한 모습으로 우뚝 설 때
멋진 우리가 되어
세계 어디로든 평행이동할 수 있을 것입니다.

저와 함께 파랑새를 만나고
독창적인 파랑새가 되어
이 책의 마무리에서 다시 뵙겠습니다.

파랑새를 만난 한국인

■ 문미선 지음

북산

두려움은 한 발자국 앞으로 나아가라는 신호이다.
21세기도 여전히 서양문물이 지배하겠지만
우리 대한민국도 지구촌의 중심이 될 수 있다.
나도 지구촌의 중심이 될 수 있다.
어렵지 않다.

1장

세상 어디에 서 있는가

21세기는 똑똑한 집단 지성의 시대이다

세계
세상의 지적 수준을 알아야 우리의 현실이 보인다

서양문명은 21세기에도 여전히 지구촌을 지배하며, 우리의 삶 구석구석에 커다란 영향을 미치고 있다. 그리고 서양의 눈부신 과학기술로 생산해내는 새로운 발명품들이 쌓여갈수록 우리는 이해할 수 없는 외래어들과 계속 충돌하게 된다.

알고리즘, 리버럴아츠, 큐비트.

어디선가 들어본 적이 있는 것 같기는 하다.
그런데 이것이 무엇을 뜻하는지 이해하고 설명할 수 있는 사람은 그리 많지 않은 듯하다. 혹시 젊은이들이라면 문제없다는 표정으로 곧 검색에 돌입하여 단어풀이를 읽어볼지도 모르나 정확한 개념을 알아내기에는 여전히 한계가 있다. 이마저도 정보검색에 익숙한 사람들의 경우이고, 그렇지 못한 사람들이 낯선 외래어와 대면하게 되면 대체로 난감해하거나 외면해버린다.

외래어를 모른다고 일상이 불편해지는 것은 아니다.

하지만 자신도 모르게 세상의 중심에서 점점 멀어지고 있다는 생각을 지울 수 없을 것이다. 불편하고 이해하기 어렵다고 의도적으로 이들을 배제하거나 멀리하면, 자기가 이해하고 싶은 이야기에만 빠져 결국 스스로 외딴 섬에 갇히게 될지도 모른다.

하지만 우리는 알고 있다.

이 외래어들을 완벽히 이해하지 못한다고 하더라도, 배우려는 의욕만 있다면 이미 반은 시작된 것이라고.

기초를 쌓고 초석을 다지는 데에는 물론 시간이 필요하다.

모든 것이 하루아침에 이루어지지 않기 때문이다.

옆 나라 일본은 19세기 말에 서양과학과 기술을 힘껏 익혀서 매년 과학 분야의 노벨상을 타는 선진국이 되었고, 바로 그때 우리는 역사와 엇갈리는 길을 걸으며 지금의 선진국 대열에 서기까지 한참의 세월이 걸렸다. 역사를 되돌릴 수는 없다. 그래서 우리가 지금 당장 노벨과학상을 기대하기는 어려울지도 모른다. 그렇다고 불가능한 일도 아니다. 지난 반세기 동안 우리는 글로벌 시장의 중심으로 들어가 문화강국으로의 면모를 증명하는 중이다.

나는 한국인이 그 어느 민족보다 호기심이 강하고 용기가 있으며 도전의식이 높다고 생각한다. 성취해야 할 목표가 뚜렷해지면, 확신을 가지고 지속적으로 집중하여 결과를 일구어낸다. 지금의 7080세대는 그 엄청났던 역사의 질곡 속에서도 꿋꿋이 살아남아 역사를 증언하고 있으며, 5060세대는 서양지식을 본격적으로 학습하여 산업을 일으킨 주역들이다. 3040세대는 훨씬 자유로워진 해외여행 덕분에 직접 외국을 체험하며 우리의 지평을 넓혀왔다. 드디어 우리의 희망인 1020세대는 해남의 땅끝에서도 스마트폰으로 정보를 얻어 자신의 재능을 스스로 발전시키는 잠재력을 보여주고 있다.

이렇듯 현재의 대한민국에는 지극히 이질적인 경험을 가진 세대들이 함께 모여 살고 있다. 지구촌에서 유례를 찾아보기 힘든 경우다. 누군가는 이를 두고 갈등에 대해 이야기하고 있다. 하지만 나는 이러한 우리의 세대 다양성이야말로 우리만의 독특한 미래를 꿈꿀 수 있는 에

너지이자 원동력이라 주장하고 싶다.

　21세기의 핵심어가 낯선 외래어인 것은 안타깝다.
　하지만 어찌하겠는가.
　이것이 우리의 현실인 것을.
　오히려 이 상황을 시원하게 받아들이고, 앞으로 나아가려는 노력이
필요하다고 생각한다. 교육 분야는 가장 기초가 되는 부분을 꿰뚫어야
하고, 영어 분야는 서양문명을 보유하는 글로벌 효능을 지닌 언어로
인정하여 이에 대한 실용적인 접근도 가능해야 한다.
　앞으로의 세상은 서양의 지식만으로는 부족하다.
　21세기에는 우리의 문화에서 시작하여 서양문화를 깊이 이해한 후
에 다시 우리로 돌아와 우리 것을 만들어내는 독창성이 절대적으로 필
요하다. 해체할 수 있어야 중심으로 진입할 수 있고, 동서양의 서로 다
른 사고방식을 정확히 이해하여야 창의성이 폭발할 수 있다. 그리고
이는 혼자가 아니라 우리 모두가 힘을 합쳐 함께 일구어내야 한다.

　우리는 식민지를 경험한 민족이다.
　나라를 빼앗길 때, 그때는 몇 사람의 손안에 우리의 운명이 달려 있
었다.
　지금은 다르다.

세상의 어디에 서 있는가

21세기는 집단 지성의 시대다. 우리 민족의 운명이 몇 사람 손에서 결정되는 선택을 지켜보고 있지 않을 것이다. 우매한 몇 사람의 손에 휩쓸려가는 것을 용납하지도 않을 것이다.

국민 개개인이 모두 함께 우수해져야 나와 우리를 지킬 수 있다. 그래야만 우리의 미래가 있다. 시대정신을 이해하고 어떠한 과제에서도 심사숙고하여 스스로 선택하고 결정하는 힘을 가질 때, 우리가 만들어내는 평화와 번영을 누릴 수 있다고 생각한다.

나는 떠날 채비를 마쳤다.

함께 떠나보지 않겠는가!

일본
카멜레온처럼 변신이 가능한 이웃 나라

나는 이런 생각을 해본 적이 있다.

우리는 무엇을 성취하고 싶은가.

서양문명의 후발주자인 우리는

21세기의 세계무대에서 무엇을 인정받고 싶은가.

그리고 그것을 어떻게 구체적으로 실현하고,

성취해 나갈 수 있을까.

오랜 고민 끝에 신뢰라는 단어가 떠올랐다.

과학과 기술의 만능시대에 믿음과 신뢰 같은 가치는 그리 중요해 보이지 않을 수도 있다. 하지만 우리 자신을 이해하고 지금 우리가 어디에 서 있는지 알기 위해서라도 신뢰라는 가치를 무시할 수 없다. 이웃 나라들과의 촘촘한 역사적 비교 속에서, 나와 우리는 어떤 모습을 하고 있는지 우선적으로 살펴볼 필요가 있다.

일본은 아시아 국가 중에서 가장 먼저 서양을 모방하며 근대화를 이룬 나라이다. 문호를 개방한 이후, 일본은 한 번도 지배적인 서양문명에서 멀어져 본 적이 없다. 서양문물을 적극적으로 받아들이며, 모방의 고삐를 늦추어 본 적이 없다. 이 과정에서 일본인은 스스로가 동양인이기를 거부하기도 했는데, 이를 잘 알고 있는 서양인들은 그럼에도 불구하고 일본이라는 나라가 자신의 정체성을 거뜬히 유지하며 언제라도 카멜레온처럼 변신이 가능하다는 사실이 그저 신비로울 뿐이다.

그렇다면 서양인이 감탄해 마지않는 그 신비로움의 정체란 무엇일까. 단지 정체성을 유지하면서 변신이 가능한 귀재이기 때문일까.

나는 아니라고 생각한다.

일본은 높은 수준에서 서양이 추구하는 보편적 가치와 이에 근거한 규범 방식을 놀라울 정도로 잘 이해하고 있다. 여기에서 더 나아가 일본은 서양의 과학기술을 단순한 지식 그 자체로 학습하지 않고 자신들이 납득할 수 있을 때까지 부지런히 재해석하고 연구하여, 자신의 입지를 강화하는 실용적인 접근을 펼쳐왔기 때문일 것이다.

중국
혼성방식을 통해 세계 중심국으로 부활하였다

그런데 21세기에 들어서며 일본의 적수가 나타났다.

그것도 아시아에서.

바로 중국이다.

중국은 전략적으로 일본과 유사한 실용적인 접근을 취하고 있지만, 영향력 면에서는 일본을 압도하고 있다. 중국의 아프리카 정책을 보면, 자신들은 인권이나 민주주의와 같은 위선적인 교훈을 떠들어 대는 과거 유럽 같은 식민강대국이 아니며, 20세기 일본과 같이 아시아의 새로운 제국주의도 아니라는 점을 분명히 한다.

"지속적인 발전을 위해서 우리는 당신들의 천연자원이 필요하고, 당신들 역시 발전하기 위해서는 우리의 돈이 필요하지 않은가"[1]라고 설득하는 중국의 메시지는 간결하고 분명하다.

호혜적으로 협력하자!

중국의 중산층과 부유층은 서양인처럼 살고 싶어 하는 욕망을 숨기지 않는다. 서양인을 적극적으로 모방하는 중국인에게 서양자본주의의 개인주의적인 경제적 야심과 동양의 권위주의적이며 집단적인 사회적 질서가 공존한다. 서양인에게는 중국이 모순적으로 보일지 모르나, 그들은 특유의 조화를 강조하며 혼성적인 접근방식으로 그들만의 입지를 강화해 나가고 있다.

서양은, 특히 미국은 중국이 어떠한 국제적 역할을 감당하려는지, 도무지 파악할 수 없다고 볼멘소리를 하고 있다. 그리고 그들이 단기적으로 경제적 성공을 거둘지 몰라도, 장기적으로는 경제적 불평등이 국내 문제로 폭발하여 어려움에 처할 것이라는 지극히 평범한 기사가 넘쳐난다. 서양의 보편적 시각에서 보면, 중국방식이 과거 서양을 적극적으로 이해하였던 일본의 수준에 미치지 못할지 모른다. 그러나 바로 이것이 무서운 중국의 정체성이기도 하다.

오늘날의 중국은 일본이 겪었던 서양의 근대화를 경험하지 않았다. 그리고 지금의 현대화도 서양이 겪었던 현대화 과정과 같지 않다.

그렇기 때문에 서양을 열심히 모방하는 가운데 자신의 정체성을 잃지 않으려고 무진 애를 썼던 일본으로서는 중국이 오늘날과 같은 세계적인 위상을 누리는 모습이 힘겹기만 하다. 스스로 G2 경제대국이라고 외치고 세계무대를 휘젓고 다니는 중국을 바라보며, 일본은 1990년대 이전보다 국제적 위상이 떨어져 있는 자신들의 상황을 오늘날 받아들이기가 더욱 고통스러울 것이다.

한국
지구촌에 놀라움을 선물하는 나라

그러면 우리는 어떠한가?

    대한민국은 지난 반세기 동안 경제적 번영을 위해 어떤 희생이라도 감수하며, 서양의 민주주의와 자본주의를 자발적으로 배우고 실천하려는 열성적인 모습을 보여 왔다. 한국인은 일본의 식민지였던 굴욕적인 역사에서 해방된 후, 우리의 능력이 세계무대에서 어디까지 뻗어 나아갈 수 있는지 진정으로 알고 싶어 했다. 무시당하고 소외되었던 나의 선조들을 대신하여 우리도 잘할 수 있다는 증명을 해보고 싶은 강렬한 욕구가 있었다. 그래서 어려운 고비마다 똘똘 뭉쳤고, 금융

위기의 고비 때에도 놀라운 회복능력을 보였다.

척박한 환경에서도 미래의 희망을 위해 교육이라면 어떠한 희생도 감수하였다. 부모들은 서양의 개인주의적 교육 가치에 대해 약간의 의심을 품고 있었지만, 아메리칸드림만큼 매력적인 모델은 없었다.

사실 서양인들은 아직도 서양세계 이외의 나라들이 그들의 모델을 따라야만 성공할 수 있다고 굳게 믿고 있다. 세계화로 불리는 미국화가 한창 기세를 떨칠 때, 세계화라는 이름 아래에서 자기 전통을 고수하는 나라들은 결국 실패하고 말 것이라 호언하기도 하였다.[2]

그래서 서양인이 오늘날의 아시아를 바라보는 시선은 불편하다.

서양의 통제에서 벗어나 미래를 그려가고 있기 때문이다.

만약 한국, 중국, 일본이 엄청난 경제성장을 이루어 서양의 호적수가 된다면 무슨 일이 벌어질까? 서양인들은 3국의 부상을 경제적인 사건이 아니라 문화적인 사건으로 이해하기 시작했다. 이들이 자신의 전통적인 정체성을 지키는 가운데 서양체제를 높은 수준에서 이해하여, 자신의 새로운 정체성을 가지고 긍정적인 미래를 열어나가는 모습을 두려운 마음으로 목격하기 시작한 것이다.

자, 그렇다면 다시 우리에게 집중하여 보자.

우리 한국인은 누구인가?

무엇이 우리를 아주 특별하고 남과 다르게 만드는가?

이 질문은 우리가 21세기 지구촌을 서양과 한국의 이분법으로 나누어서, 서양처럼 살고자 노력했던 과거의 연장선상 위에 더 이상 머무를 수 없다는 것을 의미한다. 앞으로 우리가 지구촌의 일원이 되어 살아가기 위해서는 우리도 세계 속의 한국인으로 우리의 새로운 정체성이 필요하다. 지금까지 서양을 움직이는 것이 무엇인지 알아내기 위해 앞만 보고 쉬지 않고 열심히 달려왔다면, 이제는 나를 알고 남을 이해하여 나의 정체성을 새롭게 다듬어야 하는 진정한 출발점에 서 있다.

어쩌면 이는 무척 고된 일일지도 모른다.

벌써 누적된 피로감으로 "이대로가 좋아!"라고 외치는 젊은이들의 목소리가 쏟아지고 있다.

하지만 이렇게도 한번 생각해 보자.

현재는 서양문화가 우리의 전통문화에 꽈배기처럼 얽혀 있어 우리의 정체성이 모호하고 파악하기 힘들지 모른다. 하지만 이 고비를 잘 넘기면서, 서양문화와의 동질성보다 우리 문화의 잠재성에서 출발한 새로운 정체성을 갖추어나가게 된다면 우리는 지구촌에서 더욱 유리

한 고지에 서게 되지 않을까. 나는 그동안 우리가 겪었던 세대 간의 혼란스러운 경험들이 21세기의 세계에 적응하기 위해 결코 헛된 과정은 아니었다고 생각한다.

서양은 지난 수백 년 동안 자신들이 세계의 중심이라 생각하여 왔다.

반면에 우리 한국인은 지금도 과거와 마찬가지로 무수한 도전을 받으며 불안한 발걸음을 내딛고 있다. 하지만 우리가 누구인가. 냉전 이후에 유일한 초강대국이었던 미국이 만든 세계화 속에서도 우리의 정체성을 잘 지켜 오지 않았는가. 미국이 의도하였던 대로 적극적인 문화의 통합도 일어나지 않았다.

그러나 한 번쯤은.

우리도 잠시 멈추어 진지하게 우리 자신에 대해
생각해 보아야 한다.
혹시 그동안 받아왔던 서양 교육의 눈으로 우리의 역사를
바라보고 있지는 않은지.
한국인으로의 공감대를 이루며 역사 속에서 올바른 길을
걷고 있는지.

우리의 발전은 우리 스스로가 우리에게 적합한 환경을 만들어낼 때 가능하다.

그래야만 정치도 개혁하고 경제를 발전시킬 뿐 아니라, 문화적인 풍요도 누릴 수 있다.

바로 여기에서 감정적 변화인 자신감의 회복이 무엇보다 중요하다.

우리도 이제 자신감을 가지고 세계무대에서 균형 잡힌 모습으로 대처해 나가는 법을 배워야 한다. 이제는 서양이 사고하는 방식뿐 아니라, 동서양이 사고하는 차이를 깊이 있게 이해하여, 이를 기반으로 다양한 세계국가들의 문화적 차이를 이해해야 한다.

앞으로도 오랜 시간 동안 미국이 없는 세상은 가능하지 않을 것이다. 그러나 과거 그 어느 때보다 미국 혼자서는 그 어떤 시도도 가능하지 않다. 우리도 세계의 일원으로 나라 밖에서는 좀 더 겸손하고 정직하며, 안에서는 더욱 야심 차게 사회정치문제와 환경문제를 해결하려고 노력한다면, 틀림없이 새로운 우리가 열릴 수 있다.

서양의 가치는
고유한 보편주의, 깊이 뿌리내린 법치에 대한 존중,
그리고 사회와 경제의 균형에서 나온다.

우리가 살고 있는 이 세계는 앞으로 더욱 복잡해질 것이 확실하다.

이 때문에 문화공동체인 국가뿐 아니라 개인들도 점점 더 자신의 정체성에 대해 골똘히 생각해야만 한다. 지난 반세기 동안 우리에게 서양 지식에 대한 이해가 결정적으로 중요했다면, 이제는 그에 못지않게 나와 우리에 대한 이해도 중요하다. 내가 자연스럽고 평안해야, 우리가 평안한 사회를 유지할 수 있고, 비로소 남을 진심으로 이해하며 다른 사회도 진정으로 받아들이는 노력을 기울일 수 있기 때문이다.

이제 우리에게 중요한 것은 서양을 따라잡는 것이 아니다.
그렇게 할 수 있고, 그렇게 할 수 있다는 자신감이다.

자신에 대한 신뢰와 다른 이에 대한 신뢰는 희망의 표현이기도 하다.
신뢰의 가치는 자기 스스로를 미래 상황에 내던져 자신의 능력을 실험하고, 심지어 자신을 초월하여 다 함께 도전을 이어가는 기적을 일으킬 수 있다.

1980년대 미국

Electronics Sales

SAMSUNG   KUMSUNG

MITSUBISHI   BROWN   SAN

SONY   GE   PANA

우리나라 제품이 선진국을 따라잡으려면 몇 년이나 걸릴까?

50년?
30년?

2018년 프랑스

유럽 멋쟁이들은 이제 다 한국 폰을 쓰네.

흐뭇하다

지구촌에 뒤늦게 등장한 우리나라는
축적된 기초 위에서만 성과를 낼 수 있는
분야에서 아직 부족할 수 있다.
그러나 우리는 진정으로 노력하고 있다.

중요한 것은 자신감이다.

세계는 앞으로 더욱 복잡해지겠지만
우리에게 필요한 것은
나 자신과 우리에 대한 신뢰다.

신뢰의 다른 이름은 도전과 희망이다.

2장

세상을 이해하기

정신문화가 나라의 힘을 결정한다

다양성의 힘
문화의 패러다임은 계속해서 변하고 있다

2018년 러시아 월드컵에서 가장 주목받은 선수는 킬리앙 음바페였다.

뛰어난 기량을 갖춘 음바페가 달리는 모습을 보며, 나는 젊은 프랑스가 부러웠다.

경제적인 면에서 프랑스가 미국이나 독일을 넘어설 확률은 당분간 커 보이지 않지만, 프랑스인들은 21세기에도 톨레랑스(관용)의 핵심가치를 지키며, 변함없는 문화대국의 존재감을 과시할 것으로 보였다.

2018년 칸 국제영화제에서는 일본이 황금종려상을 받았다.

고레에다 히로카즈 감독이 《어느 가족》으로 상을 타는 모습을 보며, 나는 1980년 초 미국에서 대학을 다닐 때 강당 구석에 앉아 처음으로 보았던 《라생문》과 《7인의 사무라이》가 떠올랐다. 그때 그 영화들이 1950년 초에 만들어졌다는 사실을 알고는 더 절망했었다. 하지만 지금은 우리 영화인들도 멋진 작품들을 만들 것이라는 기대 속에 일본의 수상을 축하하며 여유를 가지고 기다릴 수 있게 되었으니. 얼마나 기쁜 일인가.

문화는 한 나라가 정신적으로 얼마나 부강한가를 나타내는 척도가 된다.

유럽인들은 중세까지도 독일을 바바리안Barbarian 이라고 불렀다.
거칠고 호전적이며, 문화적으로 아직 미성숙하다고 여겼기 때문이었다.
그러나 루터의 등장으로 반전이 일어났다. 성경을 번역한 그의 독일어는 어머니들이 생계를 꾸리기 위해 시장에서 생선을 팔며 외치던 살아있는 민중의 언어였다. 그 후 그림형제가 구전으로 내려오던 이야기를 엮어 동화를 쓰고, 괴테, 실러, 헤르만헤세, 토마스만이 연이어 독일문학의 전통을 이어받자, 독일은 어느덧 세계의 문화국가로 우뚝 서게 되었다.

문화의식은 결코 고정된 것이 아니다.

문화란 과거나 현재나 결코 시장과 정부의 연장선에 있는 것이 아니라 오히려 시장과 정부가 문화의 연장선상에 있다고 볼 수 있다. 문화적 힘은 지금까지 시장과 민족국가 체계에 밀려나 오랫동안 비주류에 머물렀지만, 21세기에는 공공 생활에서의 핵심적인 역할을 되찾기 위해 더욱 노력하고 있다. 특히 문화의 가장 근원인 예술은 사람들의 세계관 형성에 핵심적인 역할을 하고 있다.

공상과학소설이 요즈음은 가장 중요한 장르라는 주장이 있다.
사람들이 AI라든가 생명공학, 기후변화 같은 문제들을 접할 수 있기 때문일 것이다. 우리에게 좋은 과학이 필요한 것은 더 말할 나위가 없다. 하지만 정치적 관점에서 보면, 좋은 SF영화 한 편이 때로는 〈사이언스〉나 〈네이처〉에 실린 논문보다 훨씬 더 큰 가치로 사람들에게 다가와 큰 반향을 불러 일으킬 수 있다.

인간이 세계를 지배하는 것은 다른 어떤 동물보다 협력을 잘할 수 있기 때문이고, 협력을 그토록 잘할 수 있는 비결은 허구를 믿기 때문이기도 하다. 문화의 패러다임은 계속해서 변화하고 있다.

21세기 핵심어
외래어 3종 세트로 21세기를 이해하다

21세기에도 우리는 서양문물의 영향으로부터 자유롭지 못할 것이다.

우리 주변의 어느 것 하나 온전한 우리 것이 없는 가운데, 삶의 질은 다소 좋아지는 듯 보이나 새로운 문화와 지속적으로 부딪치며 살아야 한다. 그러나 어찌하겠는가.

서양문명이 만들어 내는 과학기술의 발전도 눈부시다.

우리로서는 슬픈 일이지만, 21세기에 꼭 이해해야 할 핵심어들도 이에 따라 외래어들이다.

서양지식을 정확히 이해하는 것은 필수적이다. 우리의 전통을 복원하여 미래의 독창적인 고리를 만들기 위해서라도 먼저 21세기를 지배하는 핵심적인 외래어들을 반드시 이해해야 한다. 그중에서 가장 중요한 3종세트를 추려보았다.

알고리즘, 리버럴아츠, 큐비트.

첫 번째, 알고리즘.

알고리즘은 계산하는 방식이다.

단순히 셈을 하는 것이 아니라, 그 셈을 하는 방식이라는 데 유의해야 한다.

누군가 "알고리즘이 뭐예요?"라고 질문하면, 나는 언제나 평균을 내는 방식에서부터 설명하기 시작했다. 그런데 어느 날 유발 하라리의 책 《호모데우스》를 보고 깜짝 놀랐다.[3] 그도 역시 알고리즘의 설명을 평균 내는 방식에서 시작하고 있지 않은가. 무척 반가웠고, 인문학자끼리는 시공간을 초월해서 그 무언가 분명 통하는 구석이 있구나 생각하였다.

두 번째, 리버럴아츠.

리버럴아츠는 그리스—로마시대까지 거슬러 올라가야 하는 외래어로 기초와 심화의 학과목을 일컫는다. 전문적인 기술이 아니라 모든 사고의 기본적인 도구로 인정받아 일부에서는 교양과목으로 번역을 하기도 하지만, 이는 정확한 번역이 될 수 없다. 애초에 상응하는 우리말이 존재하지 않을 경우에 어설프게 우리말로 옮겼다가는 더 큰 혼란을 불러올 수 있다.

세 번째, 큐비트.

큐비트는 양자 컴퓨터로 계산할 때의 기본 단위를 말한다. 현재의 컴퓨터가 정보를 0과 1의 이분법인 비트단위로 처리하고 저장하는 반면에, 양자 컴퓨터는 정보를 0과 1뿐만 아니라 0과 1을 동시에 가지고 있는 삼분법의 새로운 단위인 큐비트로 처리하고 저장한다. 양자컴퓨터는 지난 120년간 양자물리학의 성과로 머지않은 미래에 이의 상용화에 대해 전 세계인들이 기대에 찬 시선으로 소식을 기다리고 있다.

이처럼 우리 생활 가까이 파고든 알고리즘이나 리버럴아츠, 큐비트 같은 외래어들은 이미 여러 전문적인 분야에서 실현되어 실용적으로 쓰이고 있는 과학과 문화의 개념들이라고 설명할 수 있다. 이질적이고 낯선 외래어라고 불편해하기보다는 21세기를 살아내고 뛰어넘어야 할 중요한 핵심 키워드로 받아들일 때가 되어, 이에 대해 조금 더 자세히 알아보기로 하자.

알고리즘
첫 번째 외래어

숫자 2와 4의 평균은 무엇인가?

두 수의 평균값에 대한 정답을 묻는 것이 아니라, 평균값을 내는 과정에 대하여 묻고 있다. 질문을 달리해 보면, 2와 4의 평균값을 내려면 몇 계단을 거쳐야 할까?

문제가 너무 쉬웠는가.

정답은 2와 4를 합하여, 둘로 나누는 2단계이다. 이렇게 해보면 그 결과는 3으로 나오고, 3은 2와 4의 평균값이다.

그런데 잠깐만.

지금 우리는 알고리즘으로 평균을 내는 방식에 대해 이야기하고 있으니, 결괏값인 3이라는 결과가 중요한 것은 아니다. 중요한 것은 두 숫자가 있는데 그 수의 평균을 내고 싶다면, 어떤 계단을 밟아서 평균값에 도달할 수 있는지, 그것에 집중해야 한다.

두 수의 평균을 내려면 2계단만 오르면 된다.
- 첫 번째 계단, 두 수를 더한다.
- 두 번째 계단, 합한 수를 둘로 나눈다.

만약 평균을 내는 이러한 두 단계의 방식을 알고 있다면, 우리는 아무리 복잡한 숫자가 다가오더라도 당황하지 않는다. '알고리즘'이라는 계산할 때 따르는 방식의 든든한 도구를 가지고 있기 때문이다. 이러한 알고리즘은 서양에서 그리스 – 로마시대부터 다져온 사고하는 방식으로, 서양인들은 사고를 할 때, 마치 제2의 천성처럼 모든 문제를 이렇게 단계적으로 풀어간다. 코딩도 알고 보면, 알고리즘을 컴퓨터의 숫자나 문자로 표현하는 프로그램일 뿐이다.

이제 우리에게 누군가가 2개의 숫자를 주고 평균을 내어 달라고 한다면, 우리는 어떤 계단을 밟아서 거기에 도달하는지 그 계산하는 방식을 알고 있다. 평균값은 단지 2개의 계단을 밟아 결과가 나오지만, 세상에는 이보다 훨씬 더 여러 개의 계단을 거쳐야 결과에 도달할 수 있는 것들이 존재한다는 것도 이제는 쉽게 상상할 수 있을 것이다.

레시피

일상생활에서 가장 흔히 접하는 알고리즘은 레시피다.

레시피는 음식을 만드는 방식으로 미역국을 맛있게 끓이고 싶을때 검색창을 두드려보면 관련 정보가 넘쳐난다. 음식 대부분은 아직까지 사람들이 만들고 있으니, 레시피에 살벌한 컴퓨터 용어인 알고리즘이라는 말을 붙이지는 않았지만, 레시피야 말로 가장 전형적인 알고리즘이다.

레시피의 우리말은 무엇인가? 음식을 만드는 법? 미역국을 만들어야 한다면, '미역국을 맛있게 끓이는 법'? 레시피에 상응하는 우리말의 한 단어는 없는가?

없다. 왜 그런가?

정답은 음식을 만들 때, 우리의 전통에서는 계단을 밟아 미역국을 끓이는 방식을 명확히 명시하지 않았기 때문이다. 레시피는 서양에서 들어온 음식을 만드는 방식으로 비록 미역국은 우리의 음식이지만, 요즈음은 집집마다, 마을마다 미역국을 맛있게 끓이는 레시피를 가지고 있다. 3인분을 기준으로 미역국 끓이는 나의 방법을 단계별로 소개해 보고자 한다.

미역국 끓이는 법

1. 마른미역 10g을 10분 동안 불려준다.

2. 바락바락 문질러 씻는다.

3. 소고기 100g을 먹기 좋게 썰어 국간장3, 들기름1을 넣고 밑간한다.

4. 센 불에 볶아준다.

5. 물 1.2L를 넣어준다.

6. 중불로 은근히 오래 끓인다.

7. 다진 마늘을 넣고 마지막 간을 맞춘다.

컴퓨터를 다루는 사람이라면, 내 레시피가 무척 불만족스러울 것이다. 자연언어 중에 의미의 혼란을 일으킬 단어가 너무 많이 들어가 있기 때문이다.

센 불과 중불이라니? 몇 도를 가리키는 것인가?

먹기 좋게 썰다니? 가로세로 몇 센티인가?

은근히 오래 끓이다니? 도대체 몇 분을 말하는 것인가?

내 레시피는 알고리즘이라고 부르기에 아직 턱없이 부족하다.

누군가 이 레시피를 수정하고 보완해도 되겠느냐고 묻는다면, 나는 흔쾌히 수락한다. 그리고 공개를 통해 다른 사람들과도 공유하였다면, 이제 이 레시피는 더 이상 나만의 것은 아니다. 위키피디아처럼 여러 사람을 거쳐 드디어 황금레시피가 완성될 수 있다.

황금레시피

그렇게 황금레시피가 완성되었을 때, 미역국을 만드는 중심에 반드시 사람이 있어야 할까? 기계도 충분히 할 수 있지 않을까? 인간의 권위는 기계로 넘어가며, 그렇게 기계는 인간의 일자리를 잠식해 간다.

그렇지만 누군가는 주장할 것이다.

그래도 손맛이 다르지.

바로 그 부분이다. 기계 알고리즘 레시피는 그 손맛까지도 잡으려고 더욱 완벽을 향해 달릴 것이다. 먹지도 않고 잠을 자지도 않고. 머지않아 수학적으로 더욱 완벽해진 황금레시피를 손에 넣게 된다면 어떻게 되겠는가. 인간요리사는 중간 과정을 모두 기계요리사에 맡긴 채, 마지막 점검만 하면 되지 않겠는가? 그날이 오면 지금과 같이 많은 요리사가 필요할까?

이러한 상황이 단지 요리사의 현장에서만 일어나겠는가.

이제 알고리즘이 왜 21세기를 지배하는 핵심어인지 이해하였으리라. 이미 21세기의 모든 분야는 높은 수준의 자동화 시대로 접어들었다. 20세기에는 공장이라는 한정된 공간에서 기계가 우리의 몸을 대신하였다면, 21세기의 기계는 시공간을 초월하여 자유롭게 우리의 뇌를 대신하며,[4] 점점 더 똑똑해져 가고 있다.

이 모든 것의 중심에 알고리즘이 있다.

알고리즘의 뜻은 계산하는 방식이다.

미역국을 끓이려고 할 때 단계적으로 따르는 방식으로, 구글 검색기는 오늘도 쉬지 않고 '미역국 맛있게 끓이는 법'의 수많은 자료를 업로드하고 있다. 그리고 미역국을 더욱 맛있게 끓이기 위해 계속 자신을 업데이트하고 있다. 그러한 가운데 인간의 권위는 자연스럽게 구글의 최상위 조회 수로 넘어가고 있다.

미역국을 맛있게 끓이고 싶은 젊은이들은 더 이상 할머니나 어머니에게 묻지 않는다.

구글에게 묻는다.

세상을 이해하기

일과 일자리
알고리즘이 미래 일자리의 근간이 된다

이세돌 9단의 패배가 가져온 충격은 하나였다.

나의 일자리는 안전한가?

알파고 때문에 잠시 인공지능의 딥러닝에 대한 관심이 폭발하였지만, 잠시뿐이었다. SF영화를 많이 보는 사람들에게 매우 익숙한 '언제쯤 기계가 인간을 초월할 것인가?' 혹은 '기계가 인간의 자유의지나 자의식을 가지는 날이 올까?'와 같은 주제도 흠칫 시선을 끌기도 하였지만, 몇몇 과학자들이 둘러앉아 나누던 대담은 너무나 공허하여, 그에 대한 관심은 곧 식어버렸다.

하지만 미래 산업에서 인공지능의 역할과 영향을 다루는 이야기는 달랐다.

이 주제에 대한 관심은 높을 수밖에 없었는데.

곧바로 내 일자리와 연결되기 때문이었다.

4차 산업혁명이라는 용어

때마침 4차 산업혁명이라는 용어를 주창한 분이 덩달아 주목을 받았다. 그는 2016년 포보스포럼에서 제조업 중심의 독일에서 썼던 산업4.0이라는 단어를 4차 산업혁명이라는 용어로 바꾸어, 1차 증기시대를 거쳐 2차 전기시대, 3차 전자시대에서 21세기를 4차 산업혁명시대로 규정하였다.[5]

그러자 우리 언론은 곧바로 학생모드로 돌입하여, 1차에서 4차까지 그가 분류하였던 산업시대를 학습할 수 있도록, 친절한 그림까지 곁들여 상세히 소개하였다.

마침 자신의 책 출판을 계기로 한국을 방문하였던 그 분은 공영방송에 나와 21세기의 4차 산업혁명시대의 기술혁명을 '쓰나미'에 비유하였다. 이때 카메라에는 겁에 질린 듯한 젊은이들의 얼굴이 클로즈업으로 부각되었다.

나는 이 순간 엄청난 모욕감을 느꼈다.

그분은 과연 쓰나미라는 은유를 유럽이나 일본의 깅연에서노 거침
없이 사용하였을까.

우리는 왜 이러한 단어 한마디에 휘둘려야 하는 걸까.

쓰나미라니.

지금이 조선 시대인가.

만일 세상이 급변하는 21세기 상황을 여러 개의 촛불이 모인다고 하
여, 전구가 들어오는 것과는 다르다는 식의 비유 정도로 설명하였다면
어떠했을까.

서양기술의 유입

사실 우리의 역사는 서양과학이 이식되는 과정에서 씻을 수 없는 상
처를 입었다.

15년 전쯤 나는 스웨덴 종군기자가 1905년에 썼다는 기사자료[6]를
읽고, 정말 한참을 먹먹했던 기억을 지울 수 없다.

8시였다. 5분 후에는 기차가 출발할 예정이었다. 플랫폼은 이 대사건을 구경하러 나온 코레아인들로 온통 흰색 일색이었다.

그들 대부분은 처음 역에 나온 것이고, 따라서 기관차도 처음 보는 것이다. 기관차의 역학에 대해서 조금도 아는 바가 없는 그들이었기에 무슨 일이 일어날지 몰라 대단히 망설이는 눈치였다. 이 마술차를 가까이에서 관찰하기 위해 접근할 때는 무리를 지어 행동했다. 여차하면 도망갈 자세를 취하고 있으면서도 서로 밀고 당기고 하였다. 그들 중 용기 있는 사나이가 큰 바퀴 중 하나에 손가락을 대자, 주위 사람들은 감탄사를 연발하면서 그 용기 있는 사나이를 우러러보았다. 그러나 기관사가 장난삼아 환기통으로 연기를 뿜어내자 도망가느라고 대소동이 일어났다.

나는 객실 창가에서 이 소동을 지켜보았다. 참 흥미진진했다. 가장 웃음이 나오는 것은 키가 난쟁이처럼 조그마한 일본인 역원들이 얼마나 인정사정없이 잔인하게 코레아인들을 다루는지를 지켜보는 일이었다. 그들이 그런 대접을 받는 것은 정말 굴욕적이었다. 그들은 일본인만 보면 무서워서 걸음아 나 살려라 하고 도망갔다. 행동이 잽싸지 못할 때는 등에서 회초리가 바람을 갈랐다. 키가 작은 섬나라 사람들은 회초리를 쥐고 기회만 있으면 언제고 맛을 보여 주었다. 그 짓이 재미있는 모양이었다. 사실 사람들이 멍청하고 둔하게 행동할 때, 때려주는 것만큼 속 후련한 일이 또 어디 있을까?

그동안 시간은 흘러 8시 하고도 5분이 지났고, 15분이 지나 출발 준비가 완료되었을 때는 8시 30분이었다. 기관차가 마침내 기적을 울리고 천천히 달리기 시작하자 주위의 일본 사람들은 우렁차게 '반자이(만세)'를 외친 반면, 이 열차를 타고 갈 예정이었으나 플랫폼에서 지체된 코레아 사람들은 기차를 타기 위해 필사적으로 달려왔다. 그들은 또 한 차례의 회초리 세례를 받아 결과적으로 기차와 더 멀어질 뿐이었다. 장면 장면에 우스꽝스러움을 더해갔다.

> 부산역의 이 북새통에서 내가 마지막 본 장면은 그 무리 중에서 제일 왜소한 일본인이 키 크고 떡 벌어진 한 코레아 사람의 멱살을 거머쥐고 흔들면서 발로 차고 때리다가 내동댕이치자, 곤두박질을 당한 그 큰 덩치의 코레아 사람이 땅에 누워 몰매 맞은 어린애처럼 징징 우는 모습이었다.

이 기사에 대해 더 이상 중언부언하지 않겠다.

자존심이 허락하지 않는다.

단지 한 가지 꼭 덧붙이고 싶은 이야기가 있다면, 일본 젊은이들은 1900년 초반부터 이미 유럽의 대학이나 연구소에 건너가서 공부를 하였다. 우리가 식민지 지배를 받아 그들에게 고초를 겪고 있을 때, 일본 유학생들은 물리학의 패러다임을 바꾸는 양지역학이 대동하던 '막스 프랑크 연구소'에서, 또한 예술과 기술의 통합이라는 디자인의 새로운 개념이 태동하던 '바우하우스'에서, 유럽인들과 미국인들과 어깨를 나란히 하며 신나게 공부하고 있었다.

이로써 과학 분야의 노벨상 수상자에 꾸준히 일본인의 이름이 호명되는 것도 결코 우연은 아니다. 분통하게도 그때 우리의 역사는 갈려 있었다.

미래의 일자리

미래 일자리에 대한 두려움은 미래의 세상이 어떻게 변화하는지 이해하지 못하는 데에서 비롯된다. 당신의 직업이 곧바로 사라지지는 않는다. 하지만 요리사의 예에서 보았듯이, 힘이 들고 계산이 복잡한 일들을 기계 요리사가 처리하기 때문에 인간 요리사의 일자리 숫자는 줄어들 수밖에 없다.

한편으로 새로운 일자리도 많이 생겨날 것이다.

지금의 컴퓨터가 본격적으로 상용화되기 시작하였을 때, 그 발명품은 제조업뿐만 아니라 서비스업에서 많은 일자리를 만들어내었다. 앞으로 미래 산업인 데이터관리, 3D프린터, 드론, 무인자동차와 같은 제조업이나 서비스업 분야에 많은 일자리가 생겨날 것은 확실하다. 3D프린터 일자리만 하더라도 구체적으로 소재전문가, 비용 산출전문가, 잉크개발자, 3D프린터 패션디자이너, 3D프린터 요리사, 신체장기 에이전트 등 무궁무진하다. 무인자동차 일자리는 교통모니터링 시스템의 기획자, 디자이너, 운영자, 자동교통 건축가 및 엔지니어, 무인시승체험디자이너, 무인운영시스템 엔지니어, 응급상황 처리대원, 충격최소화 전문가, 교통수요 전문가 등 끝이 없다.

여기서 한 가지 유의하여 보아야 할 것이 있다.

거의 모든 단어의 뒤에 '전문가'라는 호칭이 붙어 있는 것이다.[7] 미래 산업에서 높은 수준의 일자리를 구하려면, 반드시 전문직이어야 한다. 하지만 걱정하지 않아도 될 것은 이에서 파생되는 다양한 서비스업도 기다리고 있다.

미래 산업 분야에 못지않게 새로운 일자리가 생겨날 또 다른 분야가 있다.

인간은 기계에서는 얻지 못하는 많은 감성이 있다. 알고리즘이 해결해 주지 못하는 그 따뜻하고 정감이 넘치며 바라만 보아도 치유가 되는 그런 분야가 있다. 인간을 돌보는 직업일 것이다.

이로써 일자리는 양극으로 갈려, 한편에서는 여러 분야의 미래 산업을 깊이 있게 이해하는 전문가와 다른 편에서는 인간을 깊이 있게 이해하는 전문가로 나뉘게 될 것이다. 기계를 다루는 발전된 기술이 필요하듯이, 인간의 문제를 넓은 시선에서 통합적으로 바라보며 즉각적이면서도 신중하게, 유려한 모습으로 대응할 수 있는 전문가도 많이 필요하다. 어느 쪽의 직업을 선택할 것인가는 전적으로 자신에게 달려 있다. 기계와 살기 어려운 사람은 인간 속에서 살면 된다.

의사, 변호사, 교사, 기자와 같이 우리가 익히 알고 있는 기존 직업들에도 내용적인 측면에서 큰 변화가 일어날 것이다. 2030년에는 컴퓨터가 뉴스의 90%를 작성하고, 선생님들의 1/3 정도는 중앙통제를 담당하는 엔지니어로 대체될 것이라고 한다. 3D 프린터가 인터넷보다 더 큰 영향력을 발휘하게 되는 일이 오면, 빅데이터가 의사들의 80%를 대체할 것이라고 하는 예측이 맞을지 지켜볼 일이다.

하버드 의과대학의 새로운 커리큘럼

특히 일의 내용이 변화한다는 주제와 관련해서는 2019년부터 미국 하버드 의대에서 도입하는 인공지능을 기반으로 한 새로운 교육과정이 눈길을 끈다. MIT 공과대학과 손을 잡고 만든 '건강과학기술 의사 프로그램(HST MD Program)'은 전통적인 의학지식의 전수보다, 학생들이 온라인으로 선행학습을 하고 오면, 오프라인에서는 교수와 학생이 토론식으로 수업하는 방식을 택하고 있다.

누군가는 이것이 무슨 큰 변화냐고 되물을지 모른다.

하지만 그동안 의사가 되기 위해 외워야 했던 방대한 양의 지식을 기계의 검색기능에 넘겨주고, 의사의 역할이 달라지는 미래에 대비하여 교육과정을 수정하였다는 데 주목해야 한다. 지금까지 유능한 의사는 어떠했는가. 엄청난 양의 의학지식을 잘 외우고, 최신 논문을 부지

런히 찾아서, 임상경험의 분별력을 갖는 것이 최상이었다. 하지만 미래의 기계 의사가 엄청난 양의 정보를 사용하여 높은 수준의 의학지식을 축적한 후에, 환자의 증상과 의료기록을 검토하고 그 결과를 대조해 치료계획을 세우는, 현대의학으로는 상상도 할 수 없는 능력을 갖게 된다면 어떻게 될까. 인간 의사는 더 이상 기계 의사의 적수가 되지 못할 것이다.

기계 의사가 등장한다고, 곧바로 인간 의사가 사라지는 것은 아니다. 하지만 기존 의사의 역할이나 기능에 큰 변화가 생길 것은 분명하다. 만약 인간 의사가 기계 의사와 함께 일하는 방식을 깊이 있게 이해하여 협업한다면, 그렇지 못한 의사보다 전문적으로 더 큰 사회적인 영향력을 미칠 것이라는 예측은 어렵지 않다.

이러한 예측이 비단 의사라는 직업분야에 국한되겠는가. 기존의 모든 직업분야에도 동일한 흐름이 나타날 것이다.

학교 선생님의 역할

선생님의 직업이 사라지지는 않겠지만, 미래의 아이들은 누구나 개인용 기계 선생님과 동행하게 될 것이기 때문에 미래에 선생님의 역할도 달라질 것이다.

수학을 가르치는 기계 선생님을 상상해 보자.

가상현실에 등장하는 기계 선생님이 아이에게 친절히 말을 걸어온다.

"지난 시간에 어디까지 배웠죠? 오늘은 피타고라스의 정리에 대해 공부해 볼까요?"

기계 선생님은 아이의 수준과 학습 속도에 맞춰 대화식으로 내용을 설명하고, 아이가 궁금해 하는 질문에 대해 답할 것이다. 과목마다 기계 선생님이 아이를 개별적으로 지도한다면, 학교 교육의 혁신은 맞춤형 교육 시스템으로 일어날 것이 분명하다. 누구나 자기의 역량에 따라 빠르게 혹은 천천히 공부할 수 있으며, 더 나아가 기계 선생님들과 학생들이 그룹으로 만나 학습을 하면, 개별 맞춤형 학습을 기반으로 한 협력학습도 얼마든지 가능하다.

그렇다면 인간 선생님의 역할은 어떻게 변화할까.

전문적인 실력을 갖추는 것은 필수조건이겠지만, 이를 훨씬 뛰어넘어 학생들을 보살피는 멘토 역할을 하게 될 것이다. 학생들이 찾아와 질문을 할 때, 인간 선생님은 언제든지 진정성을 다하는 모습으로 학생들과 공감하며 수평선상에서 대화하여 직접적인 도움을 주어야 할 것이다.

기계가 발달한다고

세상이 변한다고

겁먹을 필요는 없다.

불안해야 할 이유도 없다.

불안은 영혼을 잠식한다.

스마트폰이 등장한 지 불과 10년밖에 되지 않았다. 그동안 우리는 변화하는 환경에 적응하며 그 어느 때보다 열심히 살아왔다. 이제 또 다른 기계가 등장하고 세상이 변한다고 해도 기계들과 공생하고 동행자의 길을 걸으며, 새로운 환경에 적응해 가면 된다.

어쩌면 유난히 새로운 것을 즐기며 빨리빨리 성격으로 전 세계인의 얼리어댑터Early Adapter 의 역할을 했던 한국인이야밀로 21세기 세상을 흥이 넘치는 놀이터로 만들지도 모를 일이다.

리버럴아츠
두 번째 외래어

2007년 스티브 잡스가 얇고 작은 스마트폰을 무대에 들고나와 손가락으로 검은 화면을 살짝 밀자, 화면이 순식간에 바뀌었다.

"와우!"

세계인은 탄식을 쏟아냈다.

그의 손끝이 다시 스마트폰 화면에 닿자, 이번에는 새로운 세상들이 열리기 시작했다. 전화를 걸고 음악을 듣고 문자를 보내며 자유로운 검색도 하였다. 사람들은 단 몇 분이 지나지 않아, 이 단순하고 기능적이며 아름답기까지 한 기계에 완전히 매료되었다.

그리고 문득 궁금해졌다.

'도대체 이걸 어떻게 발명한 거야?'

잡스는 한 장의 슬라이드를 보여주며, 사람들의 궁금증을 시원하게 풀어주었다.

"스마트폰은 기술과 리버럴아츠의
교차로에서 탄생하였습니다."

그런데 잠깐.

'리버럴아츠라?' 낯선 단어네.

어떻게 번역을 해야 하나?

처음에는 '인문학'이 대세였던 것 같다.

그런데 리버럴아츠를 우리말의 인문학으로 번역하면 곧바로 우리의 전통적인 인문학이 떠올라, 석연치 않았다. 서양에서는 문학도 형식논리의 구조를 이해하려 하며, 역사에 접근하는 방식도 인과관계를 철저히 따져 분석하고, 철학도 문장을 단어, 형태소, 음절과 같이 점점 작은 단위로 쪼개 살피다가, 이들을 다시 역으로 조합하여 추상화하는 단계적인 절차를 밟아 가기 때문이다.

사실 리버럴아츠에 상응하는 우리말은 없다.

이 단어의 기원이 그리스 – 로마시대로 거슬러 올라가기 때문이다. 리버럴아츠란 시민들이 광장에 나와 상대에 대한 예의와 존중을 갖추고 자유롭게 토론하기 위해 공부하였던 교과과정을 뜻한다. 여기에는 3개의 기초과목과 4개의 심화과목이 있다.

■ 리버럴아츠 교과과정

	기초과목	심화과목
1	문법	산술
2	논리학	기하학
3	수사학	음악
4	-	천문학

기초과목들은 언어와 관련이 있다. 토론을 위해 라틴어의 구조와 규칙에 대해 파악하는 문법, 다른 이에게 자신의 의견을 논리적으로 전달하는 논리학, 서로의 의견이 일치하지 않을 때 상대방을 설득하는 기술인 수사학을 공부하였다.

심화과목들은 바깥세상인 자연과 관련이 있다. 복잡한 셈을 할 수 있는 산술, 문제를 입체적으로 바라보는 기하학, 소리를 화성구조로 만들어내는 음악, 우주에서 문제해결의 모형을 찾으려는 천문학이 이에 속한다. 이렇듯 리버럴아츠는 학문 분야가 세분화하기 이전에 자연 안에서 인간의 본질을 공부하는 과정이었다.

잡스는 생전에 애플사를 단순한 정보기술(IT)회사라고 부르는 것을 싫어했다. 그가 만드는 모든 제품과 기술은 철저히 리버럴아츠와의 교차로 위에 서 있기 때문이었다. 그의 기계는 늘 기술을 넘어 인문적인 목적과 가치를 지니고 있었다. 그래서 잡스는 기계를 다룰 때, 마치 살아 숨 쉬는 인간을 대하듯이 하였으며, 사람의 온기로 온전히 소통하는 기계를 만들 때까지 혼신의 힘을 다해 노력하였다. 하물며 여러 개의 줄들로 뒤엉켜 있는 컴퓨터 뒷면의 내부까지도 따뜻한 피가 흐르는 실핏줄로 정의하였다. 동료들에게 "훌륭한 목수는 아무도 보지 않는다고 장롱 뒤쪽에 저급한 나무를 쓰지 않는다."라고 말하며,[8] 장인정신으로 무장하여 줄 것을 주문하였다.

그는 인간의 궁극적인 목표가 숭고함이듯이, 기계도 자신의 아름다움과 품위를 잃지 않아야 한다고 믿었다. 그의 철학은 과학기술이 아무리 발전하여도, 광장에 나와서 토론할 때 상대에 대해 예의와 존중을 염두에 두었던 그리스—로마인들처럼 기계를 대하지 않으면, 그 어떤 기계도 인류에게 유용하지 못할 것이라고 경고하였다.

　　그래서 스마트폰의 탄생은 단순히 기계의 발명이 아니다.
　　그것은 시대적 가치를 지닌 21세기의 첫 번째 상징물이다.
　　그리고 그 중심에는 리버럴아츠의 휴머니티가 살아있다.

광고와 힙합
기술의 발전이 리버럴아츠를 소환하다

스티브잡스가 리버럴아츠에 테크놀로지를 접목하여 스마트폰을 만들자, 사람들은 고대인들처럼 다시 광장으로 나왔다.

페이스북이나 트위터이다.

현재 기계 광장에 나온 사람들은 이전에 경험하지 못했던 21세기 미지의 세계를 탐험하고 있다. 이와 함께 누가 이 사람들의 데이터를 장악하느냐에 따라 전 세계의 권력이동도 일어나고 있는 중이다.

좀 더 구체적으로 말하면, 고대 수사학과 시학이 곳곳에서 다시 살아나며 더욱 풍요로워진 장치와 창의적인 방식으로 세상 사람들을 설득하며 세상을 바꾸어 나아가고 있는 중이다. 서양이 생각하는 방식이 이처럼 우리의 일상을 파고든 적은 없었다. 수학적으로 더욱 완벽해진 알고리즘은 논리구조를 타고 전 세계를 돌아다니며, 인간광장으로 나와 소통하려 했던 그리스 - 로마인들처럼, 기계 광장에 나와 있는 사람들을 설득하면서 새로운 환경을 만들어 가고 있다.

수사학

이 기술에 대해 알아보려면, 우선 수사학을 이루고 있는 구성요소를 이해해야 한다.

그것은 이미 널리 알려져 있으며, 아리스토텔레스의 《레토리카》에 정리되는 3가지.

파토스^{Pathos}, 에토스^{Ethos}, 로고스^{Logos} 이다.

이 낯선 라틴어들을 설명하는 방식은 다양하겠지만, 나는 이 낯선 외래어들을 우리가 일상에서 쓰는 언어로 풀어 보려 한다.

파토스는 상대의 입장이 되어 감정이입하며 공감하는 과정이다.
에토스는 덕과 인품으로 진정성을 다해 자신의 마음을 상대에게 전달하는 과정이다.

로고스는 주제를 중심에 두고 이를 단계적이며 논리적으로 풀어가
는 과정이다.

여기에서 3가지 요소가 모두 과정으로 마무리된다는 데 주목해야
한다.

정답이 있거나 정답을 묻는 것이 아니라, 수사학이란 상대를 설득할
때 따라야 하는 방식을 뜻한다. 알고리즘 같은 것이다. 만일 이 요소
중에 어느 하나라도 삐끗하면, 설득은 실패하고 만다.

나는 지금 잔뜩 화가 난 아이를 보고 있다.

아이의 엄마는 영문을 알 수는 없지만, 아이가 문제를 깨달을 수 있
도록 설득하고 싶다.

어떻게 하면 좋을까.

먼저 떠오르는 이런저런 질문으로 문제에 접근하여 보자.

첫째, 화난 아이의 마음상태는 어떤가.

둘째, 누구에게 화를 내고 있는 것인가.

셋째, 무엇 때문에 화가 난 것인가.

질문들만으로는 아이의 화를 풀어주지 못할 것 같다.

엄마는 이제 아이의 마음으로 들어가 이야기를 끌어내어, 아이의 마음을 이해하며 화를 풀고 문제를 해결해야 할 시간이다.

이때 고대인의 수사학이 진가를 발휘한다.

파토스

화난 아이의 마음상태를 알기 위해서는 우선 그 아이의 고통을 나의 고통으로 느껴 공감할 수 있어야 한다.

에토스

평소에 아이와 교감하였던 엄마로서의 믿음직한 인품으로 누구 때문에 화가 났는지 조심스럽게 물어 볼수 있다.

로고스

화가 날 수밖에 없었던 증거들을 함께 찾아 이해하며 그들을 논리적으로 재구성해 근본 원인을 찾아낸다.

아이와의 대화에서 진정성이 있다면, 흔들리지 않는 논리가 있다면, 무엇보다 공감할 수 있는 능력이 있다면, 설득은 기술 그 자체를 넘어

서게 된다. 그렇지 않고 이들 구성요소 중 하나라도 작동하지 않으면, 설득은 기술을 부려도 아무 소용이 없다.

광고의 시학과 수사학

이러한 수사학 기술을 현대에서 가장 활발하게 응용하고 있는 분야가 광고이다.

광고는 소비자의 이목을 자신들이 팔고 싶은 물건에 집중시켜, 그 물건을 갖고 싶도록 만들어, 결국은 구매의 행위로 연결하여 설득하는 데 목적이 있다.

이것이 수사학의 21세기 버전이 아니고 무엇이겠는가.

광고학에서는 주목Attention → 관심Interest → 욕망Desire → 행위Action 로 이어지는 AIDA 전략이 무엇보다 중요하다.

서양의 광고텍스트를 언어학적으로 분석하다 보면, 광고디자이너들이 고대수사학의 장치들을 얼마나 효과적으로 차용하였는가를 쉽게 발견할 수 있다.

짧은 슬로건에서조차도.

멀리 떨어져 있는 이질적인 둘을 연결하여 새로운 이미지를 만드는 은유를, 강세가 떨어지는 마지막 음절을 맞추어 리듬을 만들어내는 라임을, 문자나 이미지를 거울반사와 같이 뒤집어 반전의 효과를 일으키는 교차배열을, 그리고 과장법, 강화법, 생략법을, 고대의 수사학적이 며 시학적인 장치들이 넘치고 넘친다.

동물이나 사물을 의인화하는 우화와 같은 기법은 또한 어떠한가.

힙합의 시학과 수사학

리버럴아츠의 고대 시학이 21세기에서 돋보이는 또 다른 분야가 있 다.

힙합이다.

힙합은 미국에 사는 젊은 흑인들이 자신들의 생활을 최대한 왜곡 없 이 미묘한 부분까지 명확히 담아내기 위해 시작하였던 음악이다. 그들 이 왜 나쁜 짓을 할 수밖에 없었고 불행에서 벗어나기 위해 마약에 빠 질 수밖에 없었는지, 그들은 자신의 마음을 말하듯이 노래할 수 있는 음악이 필요하였다.

힙합을 하는 래퍼들은 자신의 일상 이야기를 쓴 가사에 리듬을 얹어 시적 정체성이 강한 음악을 만들어냈다. 고전음악의 멜로디나 화성학 적 패턴을 거부하고, 일상에서 말하듯이 노래하여 즉흥적이고 비정형 적이다. 그래서 랩은 궁극적으로 포스트모던 형태의 음악이라고도 말 할 수 있다. 다른 노래에서 버려진 부분을 가져다 새로운 것을 결합하 고, 혼돈에서 질서를 빚어낸다.

힙합은 흑인청년들이 시작한 음악장르이지만, 오늘날에는 전 세계의 젊은이들이 자신의 마음을 이야기로 만들어 비트에 얹고 싶을 때, 구원의 힘을 주는 음악으로 변신하고 있다. 힙합은 젊은이들이 하고 싶은 이야기의 의도와 절박한 심정을 쓴 가사와 강렬한 비트로 가장 주목받는 복합적 언어 예술장르로 발전해 가고 있다.

여기서 놀라운 점은 젊은 흑인들이 쓰기 시작한 텍스트가 시간이 갈수록 앵글로색슨의 전통인 시학적 장치를 강화하면서 폭발적으로 탄력을 받고 있다는 사실이다.[9] 은유 장치만 보더라도, 이는 내재적인 형태이기 때문에 단순명료하지만 시적 기교를 동시에 갖추어야 하기 때문에, 결코 쉽지 않다. '이것은 저것이다', '이것은 저것과 본질적으로 동등하다'라고 말할 수 있는 추상적인 차원의 통찰이 없으면, 이야기를 이어갈 수 없다. 하나의 정체성에서 또 다른 정체성으로 넘어가며 자신을 표현하는 기법에 내공이 부족하면, 곧 무너지게 된다.

그러면 쉽게 무너지지 않는 기본적인 요소가 존재하는가?
있다.
모국어에 대한 이해이다.
모국어는 자신이 느끼고 생각하는 우물과도 같은 근원이기에, 래퍼는 끊임없이 샘이 솟는 언어에 대한 깊이 있는 이해가 필요하다.

자신의 이야기를 해야 한다.

진실해야 한다.

아름다움에 대한 가치를 알아야 한다.

그런데 이것을 우리나라의 젊은 래퍼들이 해내고 있다. 그것도 짧은 시간 내에 완성도를 높여가고 있다. RM(김남준), 지코(우지호)가 한국어로 인터뷰를 하는 장면을 보라. 그들이 구사하는 모국어의 구사능력은 놀랍다. 시학적인 수준으로 다듬어져 있다. 그들이 하는 말을 어떤 외국어로 옮겨도 뺄 것도 더할 것도 없이 깔끔하다. 이 나라의 젊은 래퍼들은 분명 랩의 시적 정체성을 이해하고 있다.

나는 모 방송국의 힙합프로그램을 시즌1부터 한 회도 빠지지 않고 보고 있다. 처음에는 노래도 몸짓도 온통 어색한 모방뿐이었다. 하지만 해가 거듭될수록 달라지고 있다. 언어학적인 면에서도 영어와의 비교분석을 통해 우리말의 특성을 포착하는 놀라운 발전을 보이고 있다. 우리나라의 젊은이들도 자신의 목소리를 담아낼 수 있는 창의적인 음악적 도구가 필요하였다. 거기에 우리말로 쓴 힙합의 랩이 부응하며, 젊은이들의 열기 속에서 우리말도 다듬어지며 진화하고 있다.

스티브잡스는 떠났다.

리버럴아츠와 테크놀로지의 교차로를 남겨두고 떠났다.

아직도 그가 살아있었다면, 그는 어떤 기계를 다시 만들었을까.

나는 그 단초가 어쩌면 우리의 젊은 래퍼들이 만들어내는 문화에 있다고 생각한다. 그래서 세계는 지금 대한민국의 젊은이들에 주목하며, 그 흐름을 예의주시하고 있다.

큐비트
세 번째 외래어

비트는 세상을 0와 1의 이진법으로 환산한다.

이에 따라 기존의 컴퓨터는 숫자와 명령어를 0과 1로 나열된 2진 코드로 변환하여 활용한다.

그런데 현대물리학의 양자이론은 입자를 더욱 잘게 쪼개, 우리의 눈에 보이지 않는 양자의 세계란 비트가 아닌 큐비트의 세상이라는 것을 발견하였다. 큐비트는 비트의 이진법을 이용하지만, 거기에 0과 1의 혼합된 상태도 존재한다는 것을 인정한다.

이를 중첩이라고 한다. 큐비트가 0과 1이 동시에 존재하는 중첩을 표현할 수 있다면, 큐비트 2개는 4가지 상태를, 큐비트 3개는 아래 그림에서와 같이 8가지로, 기하급수적으로 증가하게 된다.[10]

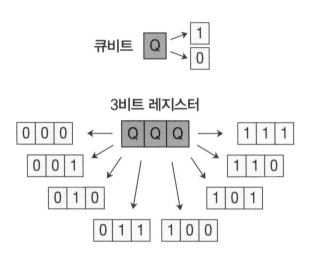

큐비트의 특징은 확률과 상보성이다. 확률은 일상생활에서 많이 쓰이고 있으나, 상보성은 아마 들어보지 못했을지도 모르겠다.

하지만 다소 생소한 이 개념은 우리에게 놀랍게도 쉽게 다가온다. 그럼 다음 장에서는 새로운 큐비트 세상의 핵심어인 확률과 상보성에 대해 살펴보자.

확률과 상보성
큐비트 세상이 과학의 비인간화를 막아준다

양자 컴퓨터가 등장하게 되면, 기존 컴퓨터 보다 1억 배 이상 빨라질 것이라고 예상한다. 물론 양자컴퓨터의 개발이 순탄치 않겠지만, 상용화되는 날도 그리 멀지 않았다고 하니. 비트의 세상은 분명 서서히 저물고 있다.

그렇다면 큐비트 세상의 가장 큰 특징은 무엇일까.
확률이다.

확률

모든 것은 불확실하며, 무엇도 확실히 정해진 것은 없다.

확률만이 있을 뿐이다.

동전을 던져 앞면이 나올 확률은 50%이다. 앞면이 나올지 뒷면이 나올지 모르기 때문이다. 사실 과학자들은 확률을 싫어한다. 만약 더욱 강력해진 컴퓨터를 가진 물리학자가 있다면 동전의 초기조건, 중력, 마찰력 등을 뉴턴방정식으로 풀어 예측할 수 있다고 확신하기 때문이다. 적어도 고전물리학에서는 그러했다.

그러나 현대물리학에서는 다르다.

현대물리학의 양자이론에서는 동전이 두 가지 측면을 가지고 있지만 우리가 결과를 예측하는 것이 원칙적으로 불가능하다는 전제에서 시작한다. 우리가 확인하기 전까지 결과를 알 수 없다. 동전은 앞면과 뒷면이 나올 두 개의 가능성을 함께 가지고 있으며, 그 결과는 우리가 관찰하는 순간에 결정된다. 확인할 때까지 결정된 것은 아무것도 없다. 이것이 양자이론의 비결정론이다.

모든 것들이 완벽하게 예측 가능하다고 주장했던 뉴턴식의 고전물리학이 21세기에서는 오히려 비현실적으로 보인다.

아니면 초현실적이랄까.

월드컵에서 두 팀의 승자를 가리는 도박에 온갖 과학적 데이터가 동원되었다. 도박사들은 엄청난 대수의 유능한 컴퓨터로 환산한 통계결과에 따라 돈을 걸었다. 그들은 통계를 확신하기에, 이러한 자명한 통계결과에 연연해 하지 않고, 자국 선수들을 열렬히 응원하는 국민들을 바보 같다고 생각했을 것이다.

2018 월드컵 준결승전에서도 예상한 대로 5분 만에 골이 터졌다. 영국 국민들은 맥주를 머리 위로 뿌리며 기뻐했지만, 경기 결과에 그들의 억장은 무너졌다. 또한 도박사들의 억장도 무너졌다. 국민 400만이 똘똘 뭉쳐서 무조건의 믿음 하나만으로 자국 선수들에게 기를 불어 넣었던 그 숨은 변수가, 작은 나라 크로아티아를 승리로 이끌었던 것이다.

유명한 슈뢰딩거 사고실험에서 상자 속에 있는 고양이가 독가스 때문에 죽었는지, 살아 있는지는 관찰해 보아야 알 수 있다. 관찰하기 전까지 단지 확률만이 존재할 뿐, 관찰을 해야 고양이의 상태가 고정된다.

그런데 잠깐.
만약 관찰하지 않았을 때 어떤 일이 일어났는지 아무도 모른다면, 모두가 잠든 시간에 인형들과 나무들도 춤을 추고 대화를 한다고도 말

세상을 이해하기

77

할 수 있을까. 너무 문학적이라 비웃을지 모르지만, 은유적으로 그렇지 않은가. 누군가 관찰하기 전까지 물질의 상태에 대해 말할 수 없다면, 양자역학의 논리도 춤을 추고 대화하는 문학적 문구가 '과학적 사실'이라 말한 것이나 다름없지는 않은가. 신비롭다고 말하기엔 충격적이고, 100년이 지난 지금도 물리학자들이 이에 대해 제대로 된 반증을 하지 못하고 있다는 사실은 더욱 충격적이다.

상보성

21세기 물리학자들이 확률보다 더 싫어하는 단어가 있다.

상보성Complementarity
이것도 확률과 관계가 있다.

상보성은 한마디로 서로를 배제하는 대립 쌍에 관한 이야기이다. 지난 세기에 물리학자들은 빛이 입자라는 믿음을 깨고, 동시에 파동이란 것을 인정하지 않을 수 없었다. 빛의 이중성을 발견하게 된 것이다. 빛의 두 가지의 성질은 빛이 입자로 나타날 때는 파동을 배제하고 파동으로 나타날 때는 입자를 배제한다는 것을 의미한다.

그러니까 빛의 입자에 대해 측정하면 자동적으로 빛은 파동에 대한 정보를 잃고, 빛의 파동에 대해 정보를 수집하려면 빛의 입자에 대해서는 불확실한 정보가 증가한다. 한 가지에 대해 완벽한 정보를 얻을 수 있지만, 그를 위해서는 나머지 한 가지에 대해 정보를 얻는 것을 포기해야 한다. 그래서 우리는 빛의 입자와 파동에 대해 동시에 알 수가 없다. 확률에 의해서만 알 수 있는데, 이것을 물리학 용어로 빛의 입자와 파동의 상보성이라고 한다.

상보성의 개념을 이해할 때, 반드시 유의해야 할 점이 있다.

이는 태극기에 양/음의 대립되는 두 부분이 모여 전체를 이루듯이, 빛이 입자와 파장의 두 부분으로 나뉘어져 전체를 이룬다는 부분—전체 개념이 아니다. 상보성은 빛이 입자이자 파장이어서, 빛이 입자이면 파장을 배제하고 파장이면 입자의 성질이 측정 불가능할 뿐이다.

고전물리학의 결정론에 익숙하였던 서양에서 상보성은 여전히 낯선 개념이다.

하지만 우리에게는 오히려 쉽게 다가오는 것 같다.

상보성이 모순과 일치 사이에 벌어지는 게임이고, 상보적인 묘사로 비로소 자연에 대한 총체적인 상을 얻을 수 있다는 양자이론의 주장이 다소 철학적으로 들리기 때문이다.

상보성에 대한 올바른 이해는 하나는 또 다른 하나에 항상 대립하지만 둘은 동일한 가치를 지니는 데에 있다. 괴테의 색채론은 감각을 통해 질적이고 직관적으로 현상을 파악하였다면, 뉴턴의 색채론은 측정 기구를 사용하여 양적이고 이론적으로 현상을 파악하지 않았던가.

나는 양자이론에 관한 책을 읽던 중, 어느 물리학자가 인용한 문구가 마음에 와닿았다.[11]

"세상에는 두 종류의 진리가 있다. 길을 가리키는 진리와 가슴을 따뜻하게 해 주는 진리다. 첫 번째 진리는 과학이고, 두 번째 진리는 예술이다. 이 두 가지는 서로 무관하지 않으며 어느 것이 더 중요한 것도 아니다. 예술이 없다면 과학은 마치 정교한 핀셋이 함석 세공장이의 손에 들려 있는 것처럼 쓸모가 없다. 과학이 없다면 예술도 감수성 풍부한 민요와 싸구려 노랫가락이 마구 뒤섞인 혼돈에 지나지 않는다. 예술의 진리는 과학이 비인간적으로 변하는 것을 막아주고, 과학의 진리는 예술이 천박해지는 것을 막아준다."

상보성,
인문학자로 양자이론에 대한 지식은 미천하지만, 이 개념이 우리 한국인이 지난 반세기 동안 싸워 왔던 두 가지 성질에 대한 통찰을 준다.

빛의 입자성과 파동성이 단순히 상호배제적이 아니라 상호보완적으로 온전한 빛에 도달할 수 있다는 상보성은 그래서, 21세기 한국인의 모습을 열어갈 수 있다는 가장 현대적이고 강력한 단초를 제공해 준다고 생각한다.

서준아.

요새 동영상 제작을 배우는데 잘 안돼서.. 좀 가르쳐줄래?

이거 완전 쉬워 보이는데?

근데요, 할아버지. 제가 이해는 했는데... 설명하기가... 좀 어려워요.

긁적

긁적

음.. 그래도 한번 해볼게요. 할아버지, 가까이 와보세요.

그래. 고맙다, 우리 손자~

컴퓨터에 우리말이 있는가?
없다.
서양의 발명품이기 때문이다.

컴퓨터는 컴퓨터이니, 혼란은 없다.
하지만 이것만으론 부족하다.
이제 과정에 대한 이해도 필요하다.

21세기의 핵심어들이
온통 외래어인 것은 슬프다.
그러나 어찌하겠는가.

서로 도우며 배우고 가르쳐보자.

서양문명이라고
이해 못 할 이유가 없지 않은가.

3장

세상을 연구하기

교육은 한 나라가 아닌 지구촌의 문제다

학교
영국과 미국의 학교역사를 살펴보아야 한다

　21세기에 꼭 다시 논의해야 할 분야로 나는 교육과 영어를 선택하였다.

　매우 제한적이지만 부분으로 전체를 조망해 보고 싶었다.

　학교의 역사에 대해 아는 것은 앞으로의 학교를 전망하는 데 얼마나 큰 열쇠가 되는지. 영어에 2개의 뿌리가 있고, 한국어는 외국어를 배우기에 얼마나 유리한지.

　현대 영어에서 비강세가 얼마나 중요한지.

　모국어 습득은 어떻게 이루어지는지.

기본적인 것들을 알면 사회적 혼란을 다 제거할 수 없을지라도 최소화할 수 있으며 올바른 방향으로 함께 나아갈 수 있다.

우리는 본능을 가지고 태어나지만 세상을 본능만으로 살 수는 없지 않은가.
더 많은 것을 배워야 한다.
배움은 가정에서 시작된다.
따뜻한 가정의 울타리에서 시작되는 교육은 매우 중요하다.

하지만 이것만으로는 사회적 가치에 대한 충분한 설명이 쉽지 않다. 그래서 현대의 아이들은 일정한 나이가 되면 학교에 가서 또래 아이들과 어울려 세상을 살아가는 방식을 배우게 된다. 학교는 인류가 남긴 지적 유산을 학과목으로 분류하여 난이도에 따라 단계를 만들어, 학생들이 지적으로 성장함에 따라 상급학교로 진학할 수 있는 자격을 부여한다. 이렇게 다음 세대에 가치를 전달하는 방식, 이것이 교육이다.

그렇다면 오늘날과 같은 학교 형태는 언제, 어디에서 비롯된 것일까.
궁금하지 않은가?

세상을 연구하기

영국학교

오늘날과 같은 학교의 탄생은 19세기 대영제국이 세계 전역에 수많은 식민지를 거느리며 그곳으로 파견해야 할 수많은 인재들이 시급히 필요한 데에서 연유한다. 인도의 교육학자 수가타 미투라가 이를 컴퓨터에 비유하여 재치 있게 이야기한 적이 있었는데,[12] 나는 그의 설명을 무척 좋아한다. 한번 들어보지 않겠는가.

대영제국이 한 일은 놀라웠습니다.

그들은 사람들로 이루어진 세계의 컴퓨터를 만들었죠.

그 컴퓨터는 지금도 우리 곁에 있는 관료적 행정업무를 담당하는 컴퓨터입니다. 그 기계가 가동하기 위해서는 당연히 많은 사람이 필요했죠. 그래서 영국은 그에 필요한 인재들을 배출하기 위해, 또 다른 기계를 고안하게 되었습니다. 그것이 바로 학교입니다.

학교는 이 관료적인 행정기계의 부품이 될 사람들을 생산하는 역할을 담당하게 되었죠.

그 당시 학생들은 적어도 세 가지를 잘할 수 있어야 했습니다. 먼저 글을 잘 써야 했죠. 자료를 손으로 써야 했기 때문입니다. 또 잘 읽을 줄 알아야 했고, 머릿속으로 곱셈과 나눗셈, 덧셈, 뺄셈도 잘할 수 있어야 했습니다.
이제 이렇게 세 가지 능력을 갖춘 인재들은 그중 누구 한
사람을 뽑아 영국에서 배를 태워 캐나다로 보내도, 또 그
곳에서 다시 뉴질랜드로 보내어도, 즉시 동일한 기능을 수
행할 수 있게 되었죠.

미투라는 대영제국을 슈퍼컴퓨터에, 학교를 또 하나의 컴퓨터에, 인간을 컴퓨터에 필요한 부품으로 빗대어, 학교가 고안되었던 시대의 배경을 설명하고 있다. 그 당시 공학자들이 어찌나 대단하였던지, 대영제국은 사라지고 없지만 학교는 여전히 견고한 모습으로 우리 곁에 남아, 더 이상 존재하지 않는 제국을 위해 지금도 똑같은 사람들을 생산하고 있다고 지적하고 있다.

물론 더 이상 손으로 자료를 쓰지는 않는다.
하지만 21세기의 학교도 컴퓨터가 할 수 있는 관료적 행정업무를 하는 인재를 만들어내겠다며, 과거에 머무르고 있지 않은지, 시대의 변화에 무심하지는 않은지, 그는 반문하고 있다. 미투라의 영국학교에 대한 설명은 흥미로우나, 현재 우리의 삶에서 학교제도가 안고 있는 불편한 연관성을 설명하기에는 무언가 부족해 보인다.

우리가 묻고 싶은 것은 어쩌다 우리나라의 대학입시가 이토록 엄청 난 경쟁의 각축장이 되어 버렸는지. 어쩌다 중고등학교는 마치 대학입 시를 위한 준비단계의 학교로 전락하였는지. 어쩌다 대학입시 자격을 얻기 위해 수능점수뿐 아니라 다양한 스펙이 보강되어야 했는지. 어쩌 다 대학을 나와야 비로소 사회지도층이 될 수 있는 자격을 갖추었다고 생각하게 되었는지. 우리가 서둘러 묻고 싶은 현실적이고 구체적인 이 러한 질문들에 대해서는 영국학교를 모델로 하여 만든 미국학교의 발 전과정을 살펴보아야 한다.[13]

유럽에서 산업화가 폭발적으로 진행되며 철도가 유럽 국가들을 촘 촘하게 연결하게 되자, 남부와 동부유럽에서도 새로운 부호세력이 생 겨났다. 이들은 대부분 유태인이나 가톨릭교도들로 부를 확보하였지 만 자신의 나라에서 신분상승을 이루기는 어려워, 새로운 땅인 미국의 도시로 구름떼같이 몰려들었다.

하지만 그 당시 미국에는 이미 신흥 상류층이 형성되어 있었다. 그 들은 1세기 전 영국에서 반란을 일으켰다 미국으로 대거 이주한 앵 글로색슨의 귀족 계급인 와스프(WASP: 백인 앵글로 - 색슨 개신교도 white Anglo - Saxon Protestant)였다. 미국의 상류사회는 영국과 같이 작위에 의한 신분으로 이루어질 수 없었기 때문에, 앵글로색슨들은 유럽 각지에서 몰려오는 신흥부호들에게서 커다란 위협감을 느꼈다. 상류지배 계급을 유지하기 위한 방법은 무엇일까. 결국 자신들의 재산을 상속하여 대를 이어갈 자녀들의 교육이 가장 중요하다는 결론에 이르게 되자, 그들은 우수한 사립대학의 설립에 눈을 뜨게 된다.

미국학교

하버드, 예일, 프린스턴 대학들은 부유한 와스프 가정의 아이들이 출신지를 떠나서도 서로에게 동질감을 느끼고 자신들이 만들어 놓은 사회적 관습을 유지하며 연대감을 키워, 졸업 후에도 흔들리지 않는 상류지도층을 형성할 수 있는 자격을 부여하였다. 이 대학 학생들은 공부만 한다는 이미지를 떨쳐버리기 위해, 운동 중에서도 미식축구나 아이스하키, 조정 같은 '남자다운' 경기가 클럽형태로 운영되며 큰 인기를 끌었다.

21세기에도 미국동부의 대학들은 이 같은 전통을 쌓으며 우상과 같은 우수한 교육기관으로 변신을 거듭하며 지금도 세계적인 인지도를 유지하고 있다. 사실 2차 세계대전 이후에 선발기준이 조금씩 완화되어 지금은 균형이 잘 잡힌 이상형보다 똑똑한 전문가를 선호하기 시작하였다. 1965년 즈음에는 대학이 더 이상 과거 개념인 상류사회를 위한 인재양성이 아니라, 새로운 실력사회로의 변환을 선포하며, 계급이나 외적인 특성, 출신지보다 SAT(대학수학능력시험) 점수와 내신등급으로 대학 신입생 기준을 강화하는 전환점을 돈 적이 있기는 하였다. 그때가 바로 베이비부머 세대(1950~60년에 출생한 현재의 50, 60대 중장년층)가 대학에 들어가는 시기였다.

현재 미국대학은 예전에 비해 양적으로 팽창하여 입학 관문이 넓어진 것은 확실하다. 하지만 예전의 낡은 기준은 여전히 폐기되지 않은 채 그대로 유지되면서, 운동선수에게 특혜를 주거나 기부입학이나 소수집단의 우대정책 등에서 일부분을 수정보완을 하였을 뿐이다. 대학입학시스템은 과거 영국모델을 모방하여 상류층이 프로필 작성을 위해 고안하였던 과정에다 덧붙여 더 많은 스펙을 갖출 것을 요구하고 있다. 높은 SAT 점수, 우수한 내신 성적, 비교 불가능하게 인정받는 추천서, 대회입상과 같은 운동경력이나 악기경연대회의 솜씨, 기부입학의 가능성여부, 다양성 문제에 대한 특별한 메모 등등.

그러하니 학생들은 점점 더 시간을 쪼개어 이 조건을 맞추려고 어려서부터 입시에 매달릴 수밖에 없다. 이 와중에 1등급은 일찌감치 수시로 대학입학을 확정 짓게 되니. 학부모와 학생들이 대학으로 가는 거대한 학교시스템에 어찌 매몰되지 않을 수 있겠는가.
우리나라의 학교시스템도 미국과 크게 다르지 않다.

단지 미국에서 변화를 거듭하였던 학제는 자신들이 처한 시대정신에서 교육문제를 해결하기 위한 고군분투 속에서 만들어낸 대안의 연속이었다면, 우리의 학제는 짧은 기간 내에 서양문물을 받아들이는 과정에서 시급히 인재들을 배출하기 위해 우리 공동체 내에서 합의를 거치지 못한 채, 지속적으로 밀려오는 새로운 것들을 무리하게 이식하는 과정이었다는 차이점이 있다.

한국학교

누군가는 우리나라에서 서양교육이 본격적으로 시작한 지 반세기 정도밖에 되지 않았는데, 이만큼 발전을 이룬 것은 정말 대단한 일이라고 말한다. 옆 나라 일본만 하더라도 서양교육의 틀과 내용을 받아들인지, 벌써 150년이 흘렀다. 학계도 이미 5세대 정도로 발전하여 2000년 이후로는 과학분야의 노벨상 수상자를 지속적으로 배출하고 있다. 나는 우리가 대단하다는 데 한 표를 던진다. 이는 사실 그동안 혼신을 다해 학생들을 가르쳤던 선생님들의 노고와 세계에서 둘째가라면 서러워할 우리 부모님들의 높은 교육열 덕분이었다고 생각한다.

자, 이제 21세기이다.

우리의 교육이 달라져야 한다는 데 모두 동의할 것이다.

학교 교육을 유아유치원에서부터 시작하여 대학원에 이르기까지 전체적이고 구조적인 시각에서 바라보며, 세부적인 사항들을 점검하여 수정하고 변화를 일구어 나아가야 한다.

세계의 많은 교육자들은 그 변화의 출발선이 공교육의 정상화라는 데에는 동의하고 있다. 단지 빅토리아시대의 공학자들이 만들어 놓은 학교가 너무나 견고하여 21세기의 기술과 의식을 따라가지 못하고 있다. 지난 세기에 인류가 발전시켜 성과를 거두었던 교육모델은 시효성이 다 되었기에 폐기를 해야 마땅함에도, 2020년을 바라보는 시점에서조차도 그 대안이 아직 투명하게 떠오르지 않아 전 세계의 교육자들은 고민을 거듭하고 있다.

교육에 대한 고민은 우리나라만의 문제는 아니다. 지구촌의 문제이다.
캘리포니아 교외의 부촌에만 국한된 교육이 아니라 방글라데시의 농촌지역에서도 실행할 수 있는 확장 가능한 교육모델이 절실하다.

공부의 유형
습득, 학습, 탐구, 연구의 4가지가 있다

공부에 4가지 종류가 있다는 이야기를 들어본 적이 있는가.

아마 없을 것 같다.

나 자신도 공부와 관련된 학습, 탐구, 연구 등의 단어들을 분별없이 사용하다가 서양언어에서는 이들을 엄격히 구분하여 사용한다는 것을 알게 된 이후로, 공부에 관련된 서로 다른 지칭들을 우리말로 번역할 때 각별한 주의를 기울이고 있다.

그렇다면 4가지 공부란 무엇일까.

4가지 공부

습득Acquirinng, 학습Learning, 탐구Studying, 연구Researching가 그것이다.

이들은 단계적으로 올라가면 난이도를 높여가지만, 그렇다고 서로 단절되어 있는 계단 같은 층위는 아니다. 오히려 커다란 습득의 동그라미에서 시작하여 점차 작은 동그라미를 안쪽으로 그리며, 학습, 탐구, 연구로 중심을 좁혀 들어가는 포함 관계에 있다.

그럼, 4가지 공부의 내용은 무엇인가.

좀 더 편안하게 접근하기 위해, 한국을 방문한 이탈리아의 젊은 요리사 알베르토를 소개하고자 한다.

알베르토는 미쉐린 3개를 획득하여 세계적으로 잘 알려진 이탈리아 레스토랑에서 일하고 있다. 이곳은 1년 중 3개월간 문을 닫는데, 이때 젊은 요리사들에게 유급휴가를 주어 전 세계 어디든 자유롭게 여행하며 새로운 메뉴를 구상하도록 적극 격려하는 곳으로 유명하다. 과제가 없는 것은 아니다. 휴가의 끝자락에서 젊은 요리사들은 낯선 나라의 전통음식으로부터 영감을 받아 구상한 레시피에 이탈리아 식재료로 완성한 단품 요리를 선보여야 한다.

1단계: 습득

2018년도 휴가가 주어지자, 알베르토는 21세기 문화강국인 대한민국을 방문하기로 결심하였다. 탁월한 선택이 아닌가. 한국에 대해 사전지식 없이 전국을 여행하던 알베르토는 어느 지역을 가든지 한국인의 식탁에는 김치가 빠지지 않는다는 지식을 흡수하게 되었다. 이러한 지식흡수는 자연스럽게 일어나는 일로, 이를 지식의 습득이라 부른다. 아이가 태어나 환경에 노출이 되기만 하면, 스펀지처럼 배움이 일어나는 경우와 같다.

2단계: 학습

호기심 많은 이 젊은이는 지식을 습득하며 관찰하는 데 머무르지 않고, 김치를 직접 만들어 보기로 하였다. 한국 친구들의 도움을 받아 김치 만드는 순서를 익히고 재료를 함께 준비하여, 처음에는 전통 김장 김치에 도전하였다. 결국 황금레시피를 손에 넣게 되자, 그는 요리사다운 놀라운 솜씨로 혼자서도 맛있는 김치를 뚝딱 만들어 내었다. 엄청난 학습이 일어난 것이다. 이제 김치 만들기라면 이탈리아에 가서도 그 누구보다도 잘할 수 있다는 자신감을 갖게 되었다. 충분한 연마를 통해 학습이 마무리되어가는 단계에 이르게 되었다.

3단계: 탐구

한국에서 2달의 시간이 흘렀을 때, 알베르토의 김치에 대해 지적 호기심은 점점 더 커져갔다. 김치는 단지 배추만이 아니라 양배추, 부추, 파 등의 다양한 주재료와 갖은양념의 부재료를 더하여 끝없는 변주를 일으켰고, 김치의 사촌인 깍두기 맛은 과연 일품이 아닐 수 없었다. 그는 김치의 매력에 푹 빠져 도서관에서 관련 서적을 탐독하고, 김치 박물관을 찾아가 탐사를 하던 중, 마침내 궁중보쌈김치라는 보물을 발견하게 되었다. 3개월의 휴가가 끝나갈 무렵엔 보쌈김치에 대해 탐구한 지식을 정리하여 궁중보쌈김치에 관한 탐사 기사를 이탈리아 잡지에 기고하여 좋은 반응을 얻기도 하였다.

4단계: 연구

궁중보쌈김치는 알베르토에게 결정적인 영감을 주었다. 그는 이 하나의 주제를 놓고 연구를 거듭하여 마침내 자신의 창작품인 새로운 메뉴를 개발하였다. 그는 이탈리아에 돌아와 곧바로 레스토랑 근처에서 채소농사를 하는 친구를 찾아가 25켜의 어린 양상추를 발견하였다. 그는 이를 4등분하여 각 등분마다 15년, 25년, 50년, 75년산의 발사믹 식초를 뿌린 후, 25켜마다 미세한 치즈와 시큼달콤한 열매조각을 곁들여 꽃 모양으로 오므려 만드는 아름다운 창작품을 완성하였다. 그의 이름은 '비밀의 카멜리아'.

■4가지 공부유형

과정	목적	유형
1단계	습득	흡수
2단계	학습	이해
3단계	탐구	발견
4단계	연구	발명

알베르토는 이처럼 4가지 공부단계인 습득 → 학습 → 탐구 → 연구를 거치며, 지식을 흡수하고, 이해하고, 발견하고, 발명하는 과정을 충실히 수행하여 결국 레스토랑의 시그니처 메뉴를 탄생시켰다.

서양 학교와 서양 교육

서양은 알베르토가 자신의 창작품을 만들어갔던 습득 → 학습 → 탐구 → 연구의 단계를 학교 교육으로 제도화하였다. 습득은 유아유치원에서, 학습은 초등·중등·고등학교의 12년, 탐구는 대학 4년, 연구는 대학원으로 올라가며 공부하도록 학제를 구성하였다.

21세기에도 이러한 학교의 틀은 지구촌 어디에서나 평준화되어 운영되는 중이다.

과정	제도	시한	목적	영어	독일어
1단계	유아유치원	-	습득	acquiring	erwerben
2단계	초·중·고등학교	12년	학습	learning	lernen
3단계	대학교	4년	탐구	studying	studieren
4단계	대학원	-	연구	researching	forschen

1단계: 습득

지식을 자연스럽게 흡수하여 나를 드러내는 시기이다

아이들이 유아원이나 유치원에서 또래 아이들과 어울려 놀며 세상을 배워가는 시기이다. 킨더가르텐Kindergarten이라 부르는 유치원은 아이들이 뛰어노는 정원이라는 뜻으로 이때의 핵심은 감성이다.

최근 전 세계적으로 화제가 되었던 일본 유치원은 동그라미 형태의 2층 건물로, 옥상은 단지 아이들이 무조건 끝없이 달릴 수 있는 개념으로 설계하였다. 그리고 1층의 교실에서는 언제든지 문을 열고 나와 잔디밭에서 살고 있는 꽃과 나무 풀들, 온갖 곤충들을 만날 수 있었다. 일본 건축의 승리라고 감히 말하고 싶도록 부러웠다.

이 건물은 일장기를 닮았다. 그렇다면 우리는 21세기 총아인 양자역학의 상보성을 닮은 태극기 모양의 설계로 우리의 독창성을 뽐낼 수 있지 않을까 상상해 보았다.

2단계: 학습
지식을 이해하여 세상의 이치를 깨달아가는 시기이다

우리가 흔히 말하는 공부가 바로 학습이다. 이는 학교에 가서 수업을 듣고 질문에 답하고 숙제를 하고 시험을 치르는 일련의 과정으로 우리는 이 시기가 한 인간의 성장과정에서 엄청나게 강렬하여 일생을 아예 학생모드로 살기로 작정하는 사람들도 있다. 학습을 하다는 것이 마치 무엇인가를 성취하고 있는 것 같아, 무슨 일만 있으면 우선 학원부터 뛰어가 요점을 학습하려는 자세가 그것이다.

이 시기에는 전 세계의 청소년들이 꼼짝 없이 학교에 잡혀 12년을 보내야 한다. 서양은 이 시기의 학생들에게 그리스-로마식의 형식 논리가 마치 제2의 천성인 것처럼 익숙해질 때까지 온 힘을 기울인다. 단지 우리 학생들은 숫자나 기호로 추상화된 수학이나 과학이 우리의 사고방식이 아니기 때문에 어려움을 겪기도 한다.

나는 이 단계의 우리 학생들에게 우리가 합의한 절제된 교육내용으로 우리에게 가장 효과적인 교육방식으로 겁내지 말고 철저하게 가르쳐야 한다는 의견이다. 평생을 학생모드만으로 사는 것은 곤란하지만, 21세기에는 새로운 지식을 평생 동안 학습을 하면서 변화에 적응해 나아가야 하기 때문에 평생학습의 개념도 시급하게 중요하다.

3단계: 탐구
지식을 비판적으로 선별해 정리해 나아가는 시기이다.

나를 중심에 두고 하는 공부이다. 그래서 우리는 대학에 가면 스터디를 한다고 하고, 대학생을 스튜던트라고 부른다. 우리나라에서는 아직 서양에서 배워 따라잡아야 할 지식의 분량이 아직도 차고 넘쳐서, 전공에 따라서는 대학에서 여전히 학습 중심의 공부가 이루어지고 있다. 반면에 서양에서는 대학에 진학하면 학습을 기반으로 자신의 관점에서 자신의 언어로 리포트를 쓰는 탐구에 힘을 쏟는다.

그러니까 탐구는 "이것이 진리인가?"에 대한 물음이 아니라, "이것이 '나'에게 진리인가?"에 대해 묻고, 답하여야 한다. 그래서 레스토랑에서조차 아직 메뉴를 결정하지 못하였을 때의 표현이 "아임 스틸 스터딩(I'm still studying)"의 스터디, 탐구를 하고 있는 중이다.

4단계: 연구
나의 모든 감각인 공감각을 동원해 나의 것을 만들어내는 시기이다.

대학원에 진학하여 하는 공부이다. 미국은 이 단계에서 두 갈래 길로 나뉜다. 전문대학원으로 진학하여 사회가 필요로 하는 고급단계의 실용적 전문가인 의사, 법률가, 경영자로 활약하던지, 일반대학원으로 진학하여 다양한 분야의 박사학위를 취득한 후에 대학에서 교육, 연구, 봉사를 담당하는 교수인력으로 남는 경우이다.

연구는 선행연구를 광범위하게 검토한 이론적 맥락에 기초하여, 자신이 선택한 분야와 주제에 대해 자신만의 독특한 결과물을 제시하여야 한다. 연구는 물론 대학에서만 이루어지는 것은 아니다. 필요하다면 현장을 연결하여 이론적이며 실용적인 측면을 살펴본 다음 더욱 독창적인 결과물을 만들어 낼 수 있다.

이렇듯 서양의 교육제도는 교육의 단계마다 인간의 성장에 따른 목표와 이상을 섬세하게 설계하여 난이도를 조절해 놓고 학생들을 상급학교로 진학시킨다. 1단계 습득은 놀이를 통한 감성교육, 2단계 학습은 논리적 이해를 통한 지성교육, 3단계의 탐구는 비판적인 자신의 시각으로 발견한 내용을 자신의 언어로 설명하는 이성교육, 4단계 연구는 자신의 공감각을 총동원하여 세상에 존재하지 않던 성과를 제시해야 하는 오성교육이 그 핵심이다.

■4가지 공부와 교육

과정	목적	유형	목표
1단계	습득	지식의 흡수	감성교육
2단계	학습	지식의 이해	지성교육
3단계	탐구	지식의 발견	이성교육
4단계	연구	지식의 발명	오성교육

교육
다양한 개별특성에 주목하는 것이 우선이다

교육은 어른들이 만들어가는 과정이다.

물론 교육을 받는 주체는 아이들이지만, 아이들이 혼자 스스로 성장하는 것은 아니기 때문에 학습의 내용과 방식을 정하고, 이를 시행하여 평가하고 통제하는 역할은 어른의 몫이다. 집에서는 부모가, 학교에서는 선생님이 아이들 교육의 가장 큰 부분을 책임진다.

예전 부모들은 교육을 전적으로 학교에 맡겼다. 하지만 요즈음 부모들 중에는 자신이 아이 키우는 기술에 통달하였다는 자신감으로 내 아이 교육은 내가 설계하겠다는 이들도 적지 않다.

헬리콥터형과 방목형 부모

　헬리콥터 부모는 아이의 주위를 빙빙 돌며 좋은 성적을 받아오라고 압력을 가하거나 잘못을 저지를 때 비난마저 주저하지 않는다. 이들은 아이 관리하는 기술을 터득하여, 자녀들을 통제하고 감독한다. '공부해!'라는 명령형 대신에 '이제 공부하자!'와 같은 부드러운 권유형을 쓰고 있지만, 아이들은 이미 알고 있다. 부모가 거는 기대는 자신이 가진 역량을 다하는 것이 최선이 아니라, 무조건 절대적인 최선이라는 것을. 스트레스의 연속이 일상이다.

　반면에 방목형 부모는 아이가 어렸을 때는 제멋대로 식당을 뛰어다녀도 공공장소에서 소리를 질러도 아이의 기를 살린다고 내버려 둔다. 자라면서는 자녀에게 네가 얼마나 멋지고 특별한 존재인지 아느냐고, 이다음에 커서 원하는 것은 무엇이든지 이룰 수 있다고, 꿈을 사랑하며 따라가도 된다고 지속적으로 이야기한다. 이렇게 반복되는 부모의 말에 지친 아이들은 마치 거친 사각지대에 방치된 것 같은 느낌을 받기도 한다.

　헬리콥터형 부모와 방목형 부모는 표면적으로 마치 정반대인 것처럼 보인다.
　하지만 이들의 충동은 단 하나에서 비롯된다.

과잉보호이다.

헬리콥터 부모는 자녀를 자신의 의지대로 움직이는 도구로 만들려 하고, 방목형 부모는 자신이 원하는 제한 없는 자유를 자녀에게 대입하는 중이다. 이 두 유형의 부모는 내 자녀를 세심하게 관찰하고 특성을 파악하기보다는, 그 누군가의 확장형으로 만들려 애쓰고 있는 중이다. 자녀가 성공이라고 일컫는 그 누군가로 키우며 자신의 불안정한 자아를 채우려고 애쓰는지도 모르겠다.

부모이기 때문에 내 아이의 고통과 실패, 슬픔을 보호하려 한다.

몸도 마음도 빠르고 예민하게 성장하는 10대에는 아이들도 자기 스스로를 제어하지 못할 때가 있다. 여기에 부모의 압박에다가 가끔씩 질책성 섞인 오해까지 받게 되면, 아이들은 숨을 쉴 수가 없다. 초조하고, 화가 나고, 슬프고, 공허하여 방황하게 된다. 우울증, 게임중독, 식이장애, 약물남용, 반사회적 행동, 자살충동도 사실 아이들이 겪는 두려움에 대한 다른 표현이다. 부모들은 자녀가 독립적이고 창조적인 사람이 되었으면 좋겠다고 말하지만, 정작 중요한 순간이 닥쳤을 때 관심은 명문대 입학뿐이다. 최악은 부모가 이것저것을 강요할 뿐, 자녀와 정서적으로 연결되지 않았을 경우이다. 그리고 이는 학교 선생님과의 관계에서도 마찬가지이다.

그렇다면 아이들이 바라는 것은 무엇일까.

그것은 딱 한 가지.

온전한 나의 모습 그대로

이해받고 사랑받고 주목받고 싶다.

이를 위해 어른들은 무엇을 해야 할까.

아이에게서 드러나는 모습을 세심하게 관찰하며 스스로 정리하는 시간이 필요하다.

인간특성에 대한 탐구가 무엇보다 우선되어야 한다.

인간특성의 3가지 유형

여기 100년 된 그림이 있다.[14]

1918년 어느 날, 바우하우스의 기초과정을 가르쳤던 요하네스 이튼은 학생들이 제출한 그림을 보고 깜짝 놀랐다. 주관적 특성인 비율, 형태, 명암, 선, 질감, 색, 리듬, 표현 형태가 학생들의 겉모습과 놀라울 정도로 일치하였기 때문이었다. 이텐은 이 발견으로 인간유형을 3가지로 분류하였다. 그리고 이를 학생지도의 교육적 방식에도 적극 활용하였다.

    금발의 곱슬머리와 연약해 보이는 인상의 학생은 그림에서도 겉모
습과 닮은 부드러운 선과 구도를 사용하였다. 인디언 모습을 한 그 옆
의 학생은 선인장 가시까지도 완벽하게 묘사하려는 의지가 돋보인다.
두 번째 줄의 두 학생은 같은 장미를 바라보면서 전혀 다른 형태의 그
림을 그렸는데, 오른쪽에 모범생처럼 보이는 학생의 그림은 대상을 구
조적으로 이해하여 유기적으로 표현하고 있다. 마지막 줄에 머리띠를
이마에 두른 학생은 정면을 뚫어지게 응시하는 가운데 그림에서 무언

가 내면적인 정신세계가 느껴진다. 그 옆의 학생은 진한 이목구비만큼 그림의 비율배분도 큼직하게 나누어져 분할된 흑백구도를 보여주고 있다.

이텐은 더 많은 자료를 수집하고 비교 분석하여, 인간특성을 3가지 유형으로 나누었다.

1. 대상의 물질적이고 외형적인 면을 중시하는 유형
자연을 다양하게 관찰하여 사실적으로 표현하며
대상을 빈틈없이 완벽하게 묘사하려는 경우이다.

2. 대상의 정신적이고 내면적인 면을 중시하는 유형
본능에 따라 움직이며 다양한 가치를 중시하지만
자칫 구성적 형태가 소홀해질 수 있는 경우이다.

3. 대상의 구조적이고 분석적인 면을 중시하는 유형
대상을 지능적 단계에 따라 완벽하게 이해한 후에
이를 기하학적으로 재구성하려 시도하는 경우이다.

우선 나는 어느 유형에 속하는가?

부모가 먼저 물어야 한다.

나를 알아야 나의 아이도 파악할 수 있다. 그리고 둘의 관계에서 일어나는 흥미로운 일들도 마음껏 추론해 볼 수 있다.

만일 부모가 1번인 경우 매우 꼼꼼하여서 아이가 2번의 자질을 가지고 있다면, 둘 사이에는 큰 갈등이 생길 것이다. 부모는 아이의 내면을 이해하지 못할 뿐 아니라, 이해할 수 있는 바탕이 아예 존재하지 않기 때문에, 이해하려는 시도조차 하지 않아 아이는 점차 마음의 문을 닫아버릴지 모른다. 전문직을 가진 3번 부모라면 1번의 자녀가 답답할 것이고, 2번의 자녀는 가치 없는 일에 몰두한다는 비난을 쏟아낼지도 모른다. 한편 2번의 아이는 예측가능한 삶을 지루하다고 느낀다. 그래서 안정을 보장받는 미래가 곧 성취라고 여기는 세계관을 가진 1번과 3번의 부모와는 깊이 있는 교감을 쌓기가 어려울 것이다. 분석은 끝이 없지만 여기서 멈추려 한다.

인간유형으로 살펴본 우리나라 교육의 문제점은 무엇인가.
각 유형의 특성을 격려하고 뒷받침하기보다는 1번이면 2번과 3번을, 2번이면 1번과 3번을, 3번이면 1번과 2번을 보강하여 모든 면에서 완벽주의를 추구할 것을 강요하고 있다. 21세기는 일반적인 일을 모두다 조금씩 잘하는 인재보다는 한 분야에 깊이를 가지고 자신의 매력으로 발산하는 인재가 주목받을 것은 누구나 알고 있는 사실 아닌가.

다양한 기질을 가진 사람들이 세상에 존재하며 그 다양성이야말로 세상을 빛나게 할 수 있다는 생각은 "누구나 원을 그리는 법을 배울 수 있으나 모든 사람이 자신 속에 있는 원을 경험하는 힘을 가진 것은 아니다"라는 중국의 옛 속담을 떠올린다.

우선 나는 어느 유형에 속하는가?

부모가 먼저 물어야 한다.

나를 알아야 나의 아이도 파악할 수 있다.

새 그림

바우하우스 학생들의 그림들을 검토하니, 우리 아이들의 증거가 궁금해졌다. 그래서 나는 2015년 개인적인 프로젝트를 수행하면서 수집하였던 초등학교 학생들이 그린 즉흥적인 새 그림에 나의 의견을 덧붙여 소개하고자 한다.[15]

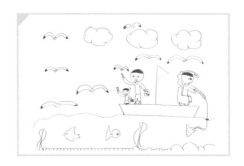

　적지 않은 수의 학생들이 가족여행을 떠났던 행복했던 추억을 떠올리며, 가족들과의 연관 속에 있는 새를 그림에 옮겼다. 이 아이는 정서적으로 안정된 부모 밑에서 행복한 어린 시절을 보내고 있는 것으로 보인다. 앞으로 다양한 경험을 쌓아가며 어떻게 성장할지는 조금 더 인내하며 기다려 보아야 할 것 같다. 아이에 대해 무언가 궁금해진다면, 아이는 어른의 마음을 곧 눈치 채고 원하는 답을 들려줄 것 같다.

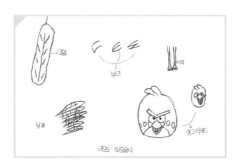

　새를 완전히 분해하여 그린 학생이 있어 깜짝 놀랐다. 완전히 서양

이 생각하는 방식이다. 새라는 대상을 부분별로 잘게 쪼개어 그림을 그리다니. 혹시 서양에서 태어나 자란 아이가 아닐까 의심해 보았지만, 담임선생님은 그렇지 않다고 하였다. 그렇다면 여간 특이하지 않다. 우리나라에서도 서양논리를 기본방식으로 사고하는 아이들이 무작위로 등장하고 있는 것일까? 부모가 이 아이의 미래를 수학이나 과학을 심화하는 방향으로 격려한다면, 큰 실수는 없을 것이다.

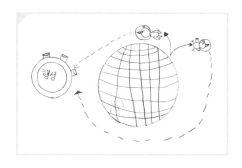

입가에 미소가 저절로 번지는 그림이다. 헬멧을 쓴 새 두 마리가 우주여행을 하고 있다. 단거리 여행으로 행성에 도착할 새의 표정은 단호하고 의지에 차 있으며, 장거리 여행으로 행성에 도착할 새는 튕겨져 나온 듯, 아직 출발을 하지 못하고 있지만 표정은 느긋하고 익살스러우며 유쾌하다. 마치 이야기가 있는 동화의 한 페이지 같다. 이 아이의 상상력은 과연 어디까지 닿아 있을까. 부모가 원하는 교육은 적중하고 있는 듯하다. 훌륭한 분들이다. 아이는 지적으로 성장할 무한한 잠재력을 가지고 있으며, 미래의 지도자감으로도 이미 손색없어 보인다.

이 그림은 어떤 해석이 가능할까? 게임을 너무 많이 한 탓일까? 단시간에 그려낸 그림에서 엄청난 디테일이 돋보인다. 이 아이의 그림에서는 "인간은 공부를 하여 마음이 복잡해진 것이 아니라, 마음이 복잡하기 때문에 공부를 하게 되었다"라는 인지언어심리학자의 주장을 떠올리게 한다. 단지 새끼를 품고 하강하는 어미 새의 표정이 무겁고, 머리에 벼슬이 있는 날개를 편 작은 새를 엄마가 계속 품고 다녀야 하는지. 아이의 부모가 보면 다소 낯설고 섬뜩할 수 있겠다. 하지만 이렇듯 풍부한 감성을 가진 아이는 분명 창의적이고 특별하다.

어른들이 우리 아이들에게 바라는 교육과 궁극적인 가치는 무엇인가?

올바른 품성과 공동체 의식, 자유의 중요성에 대한 깨달음일 것이다.

승자독식을 혹독하게 경험한 부모일수록 내 자녀만은 미래의 승자 그룹에 속하기를 간절히 원하고 있다. 그렇지만 우리의 미래 교육은 피할 수 없는 이러한 경쟁구도 속에서도 흔들림 없이 굳건히 자리를 지키며, 그 누구라도 학교의 통로를 거치기만 하면 자신만의 독특한 것을 발명해 낼 수 있는 터전을 마련해 주어야 한다.

학습의 속도
자신에게 맞게 교육받는 것은 시민의 권리다

현재 전 세계의 청소년들은 12년간의 학습기간을 학교에 꼼짝없이 붙들려 보내고 있다.

우리나라는 일본의 학제를 본떠서, 이 기간을 초등6년 → 중등3년 → 고등3년으로 나누었다. 이 구성이 반드시 일반적인 것은 아니다. 세계 각국은 자국의 교육철학과 어느 구간의 연속성을 강조할 것인가에 따라, 서로 다른 학제를 운영하고 있다.

미국은 초등6년 → 중등2년 → 고등4년으로 나누어 초등학교와 중학교의 연계성을 중시한다. 독일은 제조국의 강국답게 초등학교 4학년을 마친 후 곧바로 인문계나 기술계로의 진로를 결정한다. 인문계에서는 대학진학을 목표로 공부하지만, 기술계에서는 철저한 이론과 실습을 거쳐 장인정신의 기능인을 배출한다. 예전에는 이 구분이 매우 엄격하여 경계를 넘나들기가 어려웠으나 요즈음에는 기술계에서 중등과정을 마친 학생들이 원하기만 하면, 언제라도 인문계의 해당 학년으로 넘어가 대학으로 진학할 수 있다.

그러니까 전 세계인은 이 기간에 자신의 성장속도에 맞추어 실력을 쌓아갈 수 있는 교육을 받게 된다.

이는 시민의 권리이다.

특히 오늘날 학생들은 더욱더 가까워진 지구촌의 어디에라도 자유롭게 평행이동하며 공부하기를 원하고 있어, 국가는 이에 대한 책임이 있다.

그런데 만일 이러한 시대적 흐름에 걸림돌이 되는 학제가 있다면 어떻게 해야 할까.

한 번쯤은 진지한 논의가 필요하다고 생각한다.

몇 년 전에 도입된 자유학기제에 관한 이야기이다.

취지와 문제점

자유학기제는 세계 어느 나라에도 없는 제도이다.

교육부는 우리나라의 자유학기제가 아일랜드의 전환학년제나 미국이나 영국의 갭이어^{Gap year}를 모델로 하였다고 설명하였다.

이는 옳지 않다.

유사한 듯이 보이는 이 정책들은 우리나라의 자유학기제와 명백히 다르다. 전환학년제는 고등학교 졸업 후에 학력이 부족하다고 판단된 학생들이 1년간 학교에 더 머무르는 제도이고, 갭이어는 고등학교를 졸업한 학생들이 대학에서 입학허가서를 받은 후에 다양한 사회적 경험을 쌓기 위해 1년간 휴학한 상태를 일컫기 때문이다.

무엇보다 전환학년제와 갭이어 제도를 우리의 자유학기제와 비교하였을 때, 결정적인 차이점이 있다. 서양의 두 제도는 국가 단위의 강제적이거나 의무적인 제도가 아니며, 학생 스스로 부모님과 선생님, 많은 친지들과 의논한 후에 선택하여 결단을 내린 자의적인 제도라는 점이다. 이를 잊어서는 안 된다.

전 세계를 통틀어 교육의 주요 학습 기간인 초등, 중등, 고등과정의 12년에서 중간허리를 뚝 잘라 자유학기제를 실시하는 나라는 대한민국을 제외하고, 전 세계 그 어디에도 없다.

그렇다면 왜 이러한 제도가 우리나라에 생겨나게 되었을까?

애초의 취지는 아이들이 시험에서 해방되어 프로젝트 수행과 같은 새로운 학습방식으로 수업하며, 미래의 직업을 탐색하고 자신의 끼를 찾아가는 기회를 부여한다는 데 있었다.

그러나 여기에는 교육적으로 무언가 석연치 않은 점이 있다.

먼저 학습은 기본적으로 세상의 이치를 깨달아 알아가는 이해가 중심이다. '이해'란 앞서 배운 것과의 연결고리가 일어나면서 이루어지기 때문에, 이를 확인하기 위한 시험이라는 평가 절차는 반드시 필요하다. 시험에서 해방된다는 말은 당장 달콤하게 들릴지 모르지만, 교육이라는 기본 개념을 왜곡하는 교육취지의 설정으로 자유학기제 이후에 제자리로 돌아왔을 때 더 큰 혼란과 부담을 짊어지게 될지도 모른다.

또한 자유학기제의 강력한 도입이 종래의 암기식 학습방식에서 벗어나 미래지향적인 교육방향으로 나아가는 데 일선의 선생님들이 동의한다면, 국가는 선생님들의 협조를 얻어 적극적인 뒷받침을 아끼지 말아야 할 것이다. 하지만 이러한 수업방식이 서양 교육의 후발주자인 우리 교육의 모든 과목에 도입되기에는 아직 무리가 있다는 일선 교육자들의 목소리가 있다면, 이러한 의견들도 반드시 경청하여 정책에 반영해야 한다고 생각한다.

현재의 동향

그렇다면 그동안 자유학기제 실시의 결과는 어떠했는가?

점차로 부유한 집안의 학생들이 더 많은 사교육 비용을 지출하며, 이 기간을 선행학습의 기회로 활용하고 있다는 보고가 있다. 이는 자연스럽게 교육 양극화를 부추겨 조만간에 자유학기제가 공교육의 파괴자나 교육 민주화를 해치는 주범이 되어 학생들의 전반적인 학력저하에 영향을 미칠 가능성도 배제할 수 없다.

일본은 150년 전에 서양 교육을 받아들여 학교 교육의 역사가 우리보다 훨씬 길다. 그런 일본이 2016년 유도리 교육(여유교육)을 공식적으로 포기하였다. 소득분위별로 학업성취도의 격차가 벌어지고, 전반적인 학력저하가 일어났던 분석결과에 따른 조치였다. 일본은 이러한 잘못된 정책을 과감히 제거하고, 창의력과 협동심을 기르는 국제바칼로니아(IB)의 일본식 모델을 개발하여 공교육에 전격적으로 도입한다고 발표하였다. 주입식 교육의 대명사였던 일본이 우리나라의 수능과 비슷한 대입센타시험을 폐지하고 서술형 문형과 절대평가가 도입되는 공통테스트를 2020년에 실시할 목표로 분주하게 움직이고 있다.

미국의 입시전형에서는 중국의 수능시험 성적이 중시되기 시작하였다.

미국대학들은 지난 20년간 중국 학생들이 제시한 다양한 유형의 성적표를 비교분석한 결과, 국제학교를 나온 중국 학생들보다 중국의 일반 고등학교에서 수능시험의 치열한 경쟁을 뚫고 높은 수학 성적을 제시한 학생들이 대학재학 중에 훨씬 더 우수한 성적을 올렸다는 결과에 주목하였다. 미국대학들은 중국 고등학교의 내신 성적에 대해 여전히 의심의 눈길을 거두지 않고 있지만, 이번 조치로 빠른 속도로 안정되어가는 중국의 교육제도를 미국대학들이 신뢰하기 시작했다는 평가이다.

우리나라의 정부와 교육부도 교육개혁의 고삐를 늦추지 않고, 수능의 입시비율조정과 고교 학점제, 개정 교육과정 도입 등과 같은 21세기 우리 교육의 방향성에 대해 활발한 논의를 주도하고 있다. 대학입시제도가 우리나라에 끼치는 영향력은 교육의 분야뿐 아니라, 한국인의 삶 전체에 실로 막강한 비중을 차지하고 있다. 그래서 2018년 초여름에는 시민참여단이 참여하여 입시의 수시/정시비율, 수능평가방법에 관한 정부주도의 특별토론을 벌이기도 하였다. 결과는 예견된 대로 실망스러웠다. 대입입시 개편의 4가지 시나리오를 놓고 내린 최종 결론이 "교육 문제란 짧은 시간 내에 비전문가들이 모여 의견조정에 이르기에는 불가능하다"는 교육 현실의 복잡성에 대한 재확인뿐이었다.

자유학기제의 대안

중학교 1, 2학년은 한 인간의 성장기에서 몸과 마음이 가파르게 변화하며, 주위의 많은 관심과 사랑을 필요로 하는 매우 중요한 시기이다.

우리모두가 통과하였던 지점이니, 이에 동의할 것이다.

만약 자유학기제의 취지가 진정으로 우리 학생들이 시험이라는 경쟁에서 벗어나 조금 더 여유롭고 자유로운 학창생활을 위한 것이라면, 교육부가 우선적으로 시행해야 할 일이 있다. 그것은 책임 있는 교육자들이 모여 불필요하고 폐기처분하여야 할 낡은 학습 자료들을 신속하게 솎아내는 작업이다. 불필요한 물건들을 버려야 새로운 공간이 생겨나듯이, 미래 교육의 의미 있는 공간을 마련하기 위해서는 현재의 교육 전반을 구조적이며 유기적인 관점에서 바라보는 12년간 학습교육의 연속성이 필요하다. 우리 스스로가 세운 교육철학을 바탕으로 우리의 미래 교육을 위한 비전을 보여줄 수 있는 교육부 수장이 절대적으로 필요하다.

아이들이 "수학 공부가 왜 필요하냐?"라고 묻는다면, 무엇이라 답하겠는가.

우주를 이해하기 위해서 수학적 언어가 꼭 필요하다는 말로 아이들을 설득시킬 수 있을까? "실생활에서 수학의 그 어려운 공식들이 정녕 필요한 것이냐?"라고 재차 묻는다면 무엇이라 답하겠는가.

아이들이 "영어는 왜 배워야 하느냐?"라고 묻는다면, 실용적인 차원의 답변을 넘어서 서양이 사고하는 방식을 가장 실증적인 자료를 가지고 가장 구체적으로 접근할 수 있는 길이기 때문이라는 설명을 할 수 있어야 한다.

우리는 아이들이 초롱초롱한 눈빛으로 그들의 싱그러운 청춘 시기를 학업에 매진하는 모습을 보고 싶다. 이제는 우리의 교육철학을 가지고 교육제도 전반의 연계성을 가지고 한 번쯤 우리의 미래 교육을 면밀히 검토해야 하는 시기가 왔다고 생각한다.

덴마크의 에프터스콜레

만약 초등, 중등학교를 마친 학생들이 고등학교를 진학하기 이전에 자신의 학업과 진로에 대해 고민하고 탐색하기를 원한다면, 나는 자유학기제 대신으로 덴마크의 '에프터스콜레' 모형을 적극적으로 검토해 볼 것을 추천하고 싶다.

이는 일종의 기술학교로 국가가 운영한다.

중학교 과정을 끝낸 학생들이 자신의 결정에 따라 이 학교에 진학할 수 있다. 덴마크는 이 학교를 자국 학생들 뿐 아니라, 다양한 국가의 유럽 학생들에게도 개방하며, 요즈음에는 아시아 학생까지 받아들여 실질적인 국제학교로 운영하고 있다. 자유롭고 여유로운 공방개념의 커리큘럼으로 마치 20세기 초 독일 바우하우스(1919-1933)의 현대적 모형이 되살아 온 것 같다. 에프터스콜레는 우리도 충분히 검토해 볼 만한 좋은 제도로, 약간의 변화를 준다면 우리의 독창적인 프로그램으로 발전할 수 있는 풍부한 잠재력을 가지고 있다.

자유학기제는 지금 어디에 서 있는가?

경제학자들은 21세기의 경제 불평등이 심화될수록, 공교육의 정상화만이 지구촌의 유일한 희망이라고 주장한 바 있다. 토마 피케티도 온갖 자료와 도표를 제시하느라 두꺼워진 《21세기 자본론》 집필을 끝낸 후, 마지막 주장은 공교육의 정상화라고 했다. 절대 흘려들어서는 안 될 말이다.

영어
역사의 뿌리에서 실용까지 연결되어야 한다

영어의 뿌리가 2개라는 영어사를 알고 있는가.

이 사실을 알면, 분명 영어 학습의 실용적인 전략을 짜는 데 도움이 될 것이다.

영어의 뿌리 2개는 게르만어와 라틴어이다.

현재 서유럽 대륙을 이등분하면, 북쪽이 게르만 지역이고 남쪽은 라틴 지역이다.

독일을 중심에 놓고 북쪽으로 올라가며 네덜란드, 스칸디나비아 3국 (덴마크, 노르웨이, 스웨덴)의 조상은 게르만계이며, 남쪽으로 내려오며 프랑스, 이탈리아, 포르투갈, 스페인은 라틴계이다.

다만 유럽대륙과 바다 건너 있는 섬나라 영국은 좀 애매하다. 영어가 게르만뿌리에 속하는 것은 맞지만, 라틴뿌리도 함께 뒤섞여 있기 때문이다.

뿌리는 항상 역사와 관련이 있으니, 이 복합적인 언어뿌리의 비밀을 풀기 위해 영국의 역사를 간단히 살펴보자.

영국의 언어사

서로마제국이 망하고 영국을 떠나자, 이 섬나라는 바야흐로 춘추전국시대를 맞이하였다. 차츰 시간이 흐르며, 아서왕과 보티건왕으로 권력이 집중되면서, 이들 두 나라는 마지막 승리를 위해 외부의 용병이 절실했다. 지금의 함부르크를 통해 많은 용병들이 영국으로 들어왔고, 그중에는 매우 호전적이며 용맹했던 앵글로족과 색슨족도 있었다.

이들은 보티건왕을 도와 전쟁을 승리로 이끌었지만, 결국에는 두 용병 족이 앵글로색슨족으로 뭉쳐 영국을 점령해 버렸다. 앵글로색슨족이 쓰던 언어인 잉글리시는 그 후에 고대와 중세를 거치며 오늘날 영국과 미국이 사용하는 영어로 발전하게 되었다.

그런데 영국의 역사에서 서로마제국 이외에도 라틴계인 프랑스가 점령하던 시기가 있었다. 1066년 윌리엄 1세가 영국을 침략해 들어와서, 순식간에 통치계급의 언어는 라틴계의 프랑스어가 되고, 일반 백성들은 그대로 게르만계의 영어를 쓰는 이원화가 일어났다.

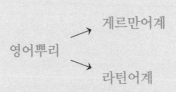

헨리8세 때까지 공식적인 교회언어는 라틴어였으며, 근대 초기에 급격하게 발전한 과학과 의학, 기술 용어가 라틴어를 기반으로 발달하면서, 교육을 받은 영국계층은 라틴계 영어를 보편어로 사용하였지만 이는 평민층의 중세영어에 제한적으로 스며들 뿐이었다.

그래서 영어에는 하나의 뜻을 가진 2개의 영어단어가 빈번히 공존한다. 보통 일상회회에서 쓰는 짧고 강한 발음을 가진 get, put, make, do는 게르만계이며, 이에 상응하는 라틴계 영어도 존재한다.

게르만뿌리	라틴뿌리
get	obtain
put	place
make	fabricate
do	accomplish

영어의 뿌리는 2개

여기까지 영국의 언어사를 살펴보고, 우리에게로 돌아와 보자.

영국사에서 영어의 뿌리가 2개라는 지식은 우리에게 무슨 도움을 주는가?

실용적인 측면에서 도움이 된다.

우선순위를 정할 수 있다.

만약 일상생활에서 영어로 소통하는 것이 목표라면, 우선 게르만 뿌리를 가진 영어를 흡수하는 전략을 세워야 할 것이다. 하물며 일상적인 회화를 구사하는 데에 필요한 영어단어의 숫자는 그리 많지 않다. 학자들은 1000개의 정도의 영어단어를 잘 활용하면, 일상생활에서 무난하게 소통할 수 있다고 주장한다.

만약 프레젠테이션이나 협상테이블에 나가는 비즈니스 상황은 어떠할까?

이와 관해서는 일본 소프트뱅크의 손정의 회장이 인터뷰한 기사에 주목할 필요가 있다.

손 회장은 1480개로 자신 있게 못을 박았고, 이는 중학교의 저학년 수준에 해당한다고 밝혔다. 그의 인터뷰 기사가 나간 후에, 이 단어목록을 입수하려는 일본 회사원들의 성화로, 관련 사이트가 한때 마비되었다는 후속기사를 읽은 적도 있다.

1480개라는 숫자를 과학적으로 검증할 길은 없지만, 손 회장 자신이 영어로 인수합병의 교섭을 벌이고 수많은 관중 앞에서 문제없이 강의하는 모습을 보여주어, 경험적 데이터의 검증이 끝난 것 같기도 하다.

그는 자신이 불편함 없이 영어를 구사하는 능력이 단어의 수가 아니라, 리듬과 억양에 있다고 하였다.

나에게는 마치 힙합을 하는 래퍼들같이 개성을 나타내는 흐름인 플로Flow에 그 비밀이 숨어있다는 이야기인 것처럼 들렸다. 실제로 세계 인구의 80%가 영어의 비원어민이고, 현대인은 불필요한 것을 최대한 생략하고 구사하는 간결한 영어를 좋아하니, 손 회장이 래퍼들처럼 리듬과 억양을 살려 영어를 구사한다는 발언은 무척 현대적으로 들린다.

멋진 전략이다.

아마 이런 언어학적 관점이 그가 디지털의 전환기 시대에서 은퇴를 철회하고 돌아와, 열정적으로 새로운 투자를 이어가며 역사의 한복판에서 주인공으로 활약하고 있는 비결로 보인다.

우리는 이미 찬란한 모국어를 가지고 있기 때문에, 각자에게 필요한 만큼의 영어를 학습하면 된다. 통역사가 롤 모델은 아니다. 그들은 언어를 구사하는 고급기술을 가진 전문가들로 남의 말을 그대로 옮겨야 하는 고된 작업을 수행하고 있을 뿐이다.

앵무새처럼 따라 하는 영어는 멈추어야 한다.

나의 느낌과 생각을 나의 진정성을 담은 표현은 때로 한 단어로도, 한 문장으로도 부족함이 없다. 우리도 21세기에는 압축과 생략을 주무기로 하는 래퍼가 되어, 또한 시인이 되어, 영어를 구사하는 나만의 전략을 곰곰이 생각해 볼 때이다.

현대의 영어
중요한 능력은 비강세의 발음에 숨어있다

현대영어에서 강세와 비강세는 중요하다

모음에 강세가 없으면, 현대영어에서는 그것이 어떤 철자이던지 간에 무조건 /어/로 약화하여 발음한다. 우리말 /어머니/ 할 때, 그 /어/가 맞지만, 조금만 더 힘을 빼고 발음하면 좋다. /어/ 모음의 약화규칙은 아주 간단하다.

비강세의 중요성

규칙

영어에서 강세를 받지 않는 모음은 철자에 상관없이 /어/로 약화된다.

끝. 이것뿐이다.

이 규칙 하나를 숙지하면, 영어발음은 몹시 현대적이 된다.

그렇다면 왜 강세를 받지 않는 철자는 일괄적으로 약화되는 것일까?

정답은 인간의 본성이 게으르기 때문이다.

좀 더 멋지게 말하면, 인간은 경제적 동물이기 때문에 언어조차도 경제적으로 사용하고 싶어 하기 때문이다. 그래서 강세를 받지 않는 모음에는 힘을 쓰지 않아, 시간이 흐르며 비강세 모음은 모두 /어/로 약화되었다. 더 나아가 마지막 자리의 모음은 절대 힘을 받을 수 없으니, 이 자리의 모음은 /어/로 약화되었다가, 결국 살아남지 못하고 탈락하여 사라지고 만다.

언어는 살아있는 대상이 있으니, 과학적으로 검증 가능하다.

아래의 단어들이 보이는가.

연습을 할 순서는 첫째, 단어에서 '/'가 있는 곳마다, [자음+모음]으로 묶어, 똑같은 강세로 발음한다. 둘째, 강세가 있는 곳을 제외한 모음에서는 모두 힘을 빼고 약한 /어/로 발음한다.

연습문제

자, 그럼 ca/me/ra 부터 시작하여 8개 단어를 모두 똑같은 강세로 발음하여 보자.

그 다음에는 강세가 떨어지는 ca´/ 를 제외한 모두 곳에서 힘을 빼고 /어/로 발음해 본다.

ca´/me/ra

ca´/rrot

e´/le/phant

ge´n/tle/man

hu´s/band

pre´/si/dent

stu´/dent

ve´/ge/ta/ble

철자가 무엇이든 상관없다.

누군가 등 뒤에서 탁 쳤을 때, 힘을 빼고 입을 벌려 공기를 내뿜듯이, 편하게 /어/ 하고 발음하면 된다. 그럼 이제는 단어들의 발음기호를 확인할 차례이다. 그런 후에 다시 한 번 발음하여 보자.

단어	발음기호	우리말표기
camera	[kæ′mərə]	캐′머러
carrot	[kæ′rət]	캐′럿
elephant	[e′ləfənt]	엘′레펀트
gentleman	[ʤe′ntlmən]	젠′틀먼
husband	[hə′zbənd]	허′즈번드
president	[pre′zədənt]	프레′저던트
student	[stju′:dnt]	스튜′든트
vegetable	[ve′ʤətəbl]	베′저터블

규칙을 적용하니, 발음이 수월하지 않은가.

외래어인 카메라는 '카'에 강세가 떨어지지만, 발음기호를 살펴보면 '카'가 아니라 '캐'로 되어 있으니, '캐머러'가 된다. 홍당무를 흔히 /캐롯/이라고 표기하는데, 이의 정확한 발음은 /롯/의 '오'에 강세가 없으니 /캐럿/이 맞다. 코끼리는 첫 번째 강세를 받는 '에'를 제외하고는 모두 약화시켜 '엘러펀트'로 해야 한다. 신사의 뒤에 붙어있는 man은 단독으로 쓰이면 /맨/이겠지만, 강세를 받는 젠틀 뒤에서는 /어/로 약화되어 /젠틀먼/이 된다. 남편의 첫 음절은 /어/로 시작하여 /허즈번드/이고, 외래어인 프레지던트도 첫 음절에만 강세를 두고 나머지는 모두 약화시키는 규칙을 적용하면, 두 번째 모음 역시 약화되어 /프레저던트/가 된다.

st의 조합은 게르만어에서 영어로 발달해 오며, 우리말의 된소리와 같은 음을 내어 /스뜌~던트/가 된다. 이는 st/스뜌/뿐 아니라, sk/스끄/나 sp/스뽀/에도 같은 규칙이 적용되어, sky는 /스까이/, sport는 /스뽀츠/에 가깝다. 특히 약화된 '어'의 뒤에 비음인 므(m), 느(n), 응(ng)이 오면 '어'마저도 탈락하여 학생의 'student'는 /스뜌~던트/ 였다가, 현재는 최종적으로 /스뜌~든트/가 맞다.뜌

중요한 것은 오히려 힘을 받지 않는 곳에 있다.
여기서 마지막 퀴즈에 답하여 보자.
두 번째 모음에 강세가 오는 단어들은 어떻게 발음할까?

tomo´rrow

toni´ght

여전히 규칙을 잊지 않고 있다면, 정확히 발음할 수 있다.

그렇다.

바로 /터마로우/, /터나잇/이 맞다.

영어에서 강세는 매우 중요하다.

중요한 이유는 강세가 있는 곳을 강하게 발음해야 하는 이유이기도 하지만, 그보다 더 중요한 이유는 강세 없는 곳에 있는 모음은 모조리 /어 [ə]/로 약화되기 때문이다. 영어철자가 [a], [e], [i], [o,] [u] 어느 것이든 상관없다. 강세를 받지 못하면 영어모음의 발음은 무조건 /어/로 약화된다.

참으로 흥미롭지 않은가.

중요한 것은 오히려 힘을 받지 않는 곳에 있다.

모든 것들이 순조롭게 돌아가기 위해서는 낮은 곳이 중요하다.

그것이 영어발음의 아킬레스이다.

영어가 안 들리는 이유

영어가 잘 들리지 않는다고 하소연하는 학생들이 많다.

그것은 자신이 올바른 발음을 하지 않기 때문이다.

자신이 정확히 발음하지 않으면, 남이 하는 발음을 음절로 분절하는 정확한 언어의 소리를 듣지 못하고, 그저 윙윙거리는 소음으로 들릴 뿐이다.

발음이 좋다. 나쁘다. 이런 구분은 없다.

누구나 자신만의 독특한 악센트를 가지고 있기 때문이다.

하지만 잘못된 발음은 있다.

그러한 발음은 윙윙거리는 소음일 뿐, 언어의 소리가 되어 음절의 분절을 도와주지 못한다.

모국어는 태어나서 어린 시절에 수없이 반복하여, 발음기관을 고정해 가는 습득의 과정이다. 하지만 외국어는 모국어의 나사가 단단하게 채워있다면, 이를 느슨하게 풀어 다시 어떠한 외국어도 발음할 수 있는 발음기관으로 만드는 노력이 필요하다.

우리의 모국어가 한국어인 것은 커다란 행운이 아닐 수 없다.

한국어는 영어뿐 아니라, 어떤 외국어라도 정확한 지식을 겸비한 약간의 노력만으로 마스터가 가능하기 때문이다. 나는 세종대왕이 계시는 광화문을 향해 하루에도 몇 번씩 절을 하고 싶다.

언어는 살아있는 대상이다.

규칙을 적용해 발음한다.

모국어가 한국어인 것은 커다란 행운이다.

영어발음의 어려움에 심리적 장애는 없는지

일본어에는 모음이 5개 밖에 없기 때문에 우리보다 상대적으로 영어 발음과 학습에 더 많은 어려움을 겪는다.

미국대학에서 독일어 기초반을 가르칠 때 수강을 하였던 한 일본학생이 떠오른다.

성은 하시모토.

내가 하시모토 상이라고 부르면 되겠느냐고 물었을 때, 그는 밝은 얼굴로 "하이"하고, 우렁차게 대답했다. 일본대학에서 박사학위 논문을 쓰던 중, 2년간의 장학금을 받고 미국에 온 지, 벌써 1년이 흘렀다고 했다.

첫 수업이 끝나고 면담시간에 그가 찾아왔다.

그런데 이야기가 시작되자마자, 그의 일본 악센트가 어찌나 강한지 그의 말을 이해하는데 애를 먹었다. 주의 깊게 귀를 기울여 적응해야 했다. 하지만 같은 동양인이라 그런지, 미국학생들과 대화할 때와는 다른 알 수 없는 동질감 비슷한 애틋함도 솟아났다.

"독일어를 왜 배우려 합니까?"

그의 눈가에서 잠시 알 수 없는 분노 같은 것을 보았기 때문에 물었다.

"독일어는 철자 그대로, 정직하게 발음해서요. 강세가 대부분 단어 첫 음절에 떨어지는 것도 좋아요. 영어와 달리."

이번엔 눈이 반짝 빛났다.
순간 지난 일 년 간 하시모토 상이 영어로 인해 일상에서 받았을 스트레스가 스쳐갔다. 자유롭지 못한 언어 표현으로 일본의 엘리트가 낯선 땅에 와서 받았을 심리적인 압박과 상처에 대해 나는 너무나 잘 알고 있었다.

"실험실 동료들과는 잘 지내나요?"

나는 진심으로 궁금했다.
굳이 다른 사람이 지적하지 않더라도, 하시모토 상이 영어 때문에 일어났던 당혹스러운 상황에서 자신을 한없이 책망했을 모습이 떠올랐기 때문이었다.

　면담이 끝난 후, 나는 그에게 더욱 세심한 배려를 기울여야겠다고 다짐하였다.

　구체적으로 일본어에는 /아, 에, 이, 오, 우/ 5개의 모음밖에 없어, 이로 인해 일어나는 영어발음의 문제부터 수정해 주고 싶었다. 언어학적이고 체계적인 방식으로 접근하면, 큰 문제는 없을 것으로 확신하였다.

　독일어 수업시간에 임하는 하시모토 상의 태도는 훌륭했다.

　어린 학생들과 어울려 큰 소리로 발음을 따라하고, 혹시 불시에 나가는 질문에도 손을 드는 적극성으로 최선을 다해 답변하려 노력하였다. 단지 일본어에 존재하지 않는 독일어 발음들은 여전히 어려워했다.

　독일어 모음은 모두 8개로 일본어 /아, 이, 우, 에, 오/ 보다 3개가 더 많다. 추가된 3개는 기본음에서 약간 변형이 되었다는 뜻으로 움라우트(Umlaut)라 하는데, 그들은 /에, 외, 위/로 발음한다. /에/는 기본음 /에/의 약간의 변형으로 입을 조금 더 옆으로 끌어당기면 되기 때문에 크게 어렵지 않다.

문제는 /외/와 /위/ 이다.

한국학생들인 경우에는 한국어 발음에 이미 /외/와 /위/가 있어서, 발음하는 요령만 가르치면 곧 따라한다. 그러니까 독일어의 /외/는 한국어의 이중모음인 /오/+/이/가 아니라, 입술을 앞으로 쫑긋이 내밀어 하나의 단모음으로 발음해야 한다. 요령은 /외/의 발음이 끝날 때까지 입술을 움직이지 않으면 된다. /위/도 이하동문이다.

한국학생인 경우, 우리말에서 '[외]할머니'의 /외/와 '[위]를 보세요!'에서의 /위/를 선택해, 쫑긋한 입모양을 변화시키지 않고 몇 번의 연습을 거치면 누구나 아무런 문제없이 정확하게 발음할 수 있다.

그런데 이것이 하시모토 상에게는 어려웠다.

일본어에는 /외/나 /위/의 발음이 존재하지 않아, 다양한 다른 방식으로 설명을 시도해 보았다.

이론적으로 설명할 때, 그는 분명 잘 이해하고 잘 따라하는 것 같았다.

그런데 혼자서 발음을 해 보라고 하면, 독일어 [외]는 일본어의 [에]에 가깝게, 그리고 독일어 [위]는 일본어의 [우]에 가깝게 소리를 내었다. 이것은 하시모토 상이 LOVE를 발음할 때, 끊임없이 [라바]로 발음하는 것과 같은 평행선상이었다.

결국 하시모토 상의 발음을 수정해 주고자 했던 나의 노력은 실패로 끝났다.

그까짓 발음이 뭐 그렇게 어려워서.

화가 날 때도 있었다.

그런데 시간이 지나며, 나는 그의 발음이 어쩌면 '내면의 저항과 관계가 있지 않을까?'하는 생각이 들었다. 외국어의 발음은 나의 모국어와 다를 수 있고, 그것은 당연한 일인데, 그것조차 자신의 식으로 재해석하여 받아들이려는 내면의 갈등.

그저 마음의 문을 열고 외국어의 다른 면을 시원하게 받아들이면 되는데, 하시모토 상에게는 그것이 어려웠다.

모국어를 쉽게 내팽겨 치며 외국어를 모방하지 못해 안달이 난 사람들도 있는데.

안타까웠다.

일본왕가의 자녀들이 다니는 학교를 방문했을 때의 기억이 떠올랐다. 교복을 예쁘게 차려입은 유치원생 세 명이 맨홀의 뚜껑 크기밖에 되지 않는 동그라미 속에 들어가 서로의 몸이 닿지 않도록 조심하며 정해진 시간을 버텨내는 훈련장면이었다.

그때 본 그 훈련장면을 생각하니 하시모토를 이해할 수 있을 것 같기도 하고, 한편으론 혹시 '외국어 공부에서 성과를 내지 못하는 우리 학생들도 이와 비슷한 심리적 갈등을 겪고 있는 것은 아닐까?' 하는 생각도 들었다.

하시모토 상은 그 후에도 행복한 미국의 대학생활을 하지 못하고 일본으로 돌아갔다.

몇 년 후, 이른 나이에 세상을 떠났다는 소식이 들려와 마음이 아팠다. 독일어는 영어와 달리, 정직하게 발음하는 것이 마음에 든다며 어린 친구들과 크게 웃고 즐거워하던 그의 모습이 지금도 선명하게 떠오른다.

영어의 능력은 리듬과 억양에 있다.
앵무새처럼 따라 하는 영어는 멈추어야 한다.
진정성이 담긴 한 문장이면 충분하다.

모국어
탄탄한 기초에서 외국어 실력도 커져간다

"외국어를 배우는 시기는 빠르면 빠를수록 좋고, 일정한 나이를 넘기면 배울 수 없다."

어디에선가 들어 본 적이 있는 이 문구는 올바른 지식인가?

그렇지 않다.

외국어를 배우는 시기는 빠를수록 좋은 것은 아니며, 외국어를 배우는 데에 나이제한 같은 것은 없다. 언어습득에 관한 '한계시기'의 가설은 모국어에 해당되는 것이지, 외국어와는 상관이 없다.

만약 한 아이가 사춘기를 넘었는데도 언어적 환경에 노출이 되지 않는다면, 그 아이는 언어를 구사할 능력을 잃게 된다. 늑대소년의 이야기이다. 하지만 현대에서 이러한 경우는 거의 일어나지 않는다. 아무튼 모국어가 아닌 외국어를 학습하는 데에 한계시기 같은 것은 없다.

단지 어린 시절에 외국어를 배우면 쉬워 보일지 모른다.

하지만 이는 아이들이 일정한 단어와 단순한 문구만을 반복적으로 사용하기 때문이다.

그래서 아이들이 부모를 따라 외국에 나가면, 어른보다 훨씬 더 쉽고 빠르게 언어를 배워 친구들과 잘 어울려 노는 모습을 볼 수 있다. 제한된 단어와 문법구조를 구사하기 때문에 유창해 보일 뿐이다. 이런 아이들도 후에 모국어의 든든한 기초가 흔들리거나, 자신의 지속적인 노력이 외국어학습과 연결되지 않으면, 단연코 성장은 멈추게 된다.

자녀의 언어교육에 관심이 많은 졸업생들이 연구실을 찾아와 고민을 쏟아놓은 적이 있다. 자녀의 언어교육은 우리 모두의 관심사이기 때문에 그날의 대화를 남겨본다.

졸업생 초등학생 두 아들을 키우고 있어요. 그런데 요즈음 아이들의 영어 교육에서 갈피를 잡지 못해 부끄럽네요. 고민을 하던 중, 영어가 아니라 모국어를 어떻게 습득 하는지 정확히 알아야겠다는 생각이 들었어요. 교수님, 맞습니까?

나 그렇습니다. 아이들을 키울 때 전체적인 구도에서 언어의 습득과정을 잘 알고 있으면, 외국어를 배워가는 자녀의 개인차에서 일어나는 문제들도 잘 풀어나갈 수 있죠.

나는 자녀교육으로 힘들어하는 졸업생의 눈을 바라보며 말문을 열었다.

졸업생 그럼 그 과정을 한 번 설명해주실 수 있을까요? 꼭 부탁드려요.

나 아, 네. 문제없습니다. 우리는 태어날 때, 말을 할 줄 알고 언어를 배울 수 있는 프로그램을 가지고 태어납니다. 인간이기 때문에, 단지 인간이라는 이유만으로, 우리는 DNA 속에 언어를 구사할 수 있는 프로그램을 가지고 태어나죠. 이는 인종불문, 국적불문, 똑같은 프로그램입니다.

약간의 긴장감이 느껴졌지만, 나는 이야기를 이어갔다.

나 그리고 자라나면서 환경에 따라, 자신의 모국어가 결정되죠. 만약 아기가 한국에서 태어나서 한국에서 성장하게 되면, 이 아이의 모국어는 한국어가 됩니다. 하지만 한국에서 태어난 아기가 사연이 있어 스웨덴으로 입양되어, 스웨덴 부모 밑에서 성장했다면, 그 아기의 모국어는….

내가 말을 멈추고 졸업생들의 얼굴을 둘러보자, 그들은 이구동성으로 입을 모아 대답했다.

일동　　스웨덴어.

나는 힘차게 고개를 끄덕였다.

나　　여러분들은 아기들이 그냥 누워있다고 생각할지 모르지만, 그들은 나름대로 무척 바쁘답니다.

큰 웃음이 터졌다.

나　　주파수를 맞추고 있는 중이죠.

졸업생　아하, 그래서 옹알이를 하는군요. 입으로 연습하느라고.

나　　네, 맞습니다. 우리 아기들이라면 한국어를 모국어에 고정시키기 위해, 그에 적합한 음과 그렇지 않은 음들을 구별하고 있는 중이죠. 입이라는 발음기관을 움직여서, 옹알옹알하며 입으로 열심히 연습을 하고 있는 중입니다.

모두에게 잔잔한 웃음이 퍼져갔다.

졸업생   그렇다면 언어프로그램은 환경이 주어지기만 하면, 시간과 함께 자연스럽게 확장이 되나요?

나   그렇습니다. 마치 아기의 치아가 자라서 어느 시기에 빠지고 그 자리에 영구치가 솟아나듯이. 누워있던 아기가 바닥을 기다가, 점점 더 근육이 자라 어느 날 갑자기 무엇인가를 잡고 일어서서 걷다가, 마침내 뛰어다니는 과정과 흡사합니다.

나는 이야기를 이어갔다.

나   아기는 18개월 정도 지나면서 두 단어를 조합할 수 있고, 3살 아기는 이미 90%의 정확한 문법을 구사할 수 있습니다. 그때가 되면 아기들은 자기표현의 욕구가 폭발하게 되죠. 하지만 자기 마음 같지 않아 불만이 쌓여가며….

졸업생   미운 4살이군요.

졸업생들은 경험에서 우러나오는 웃음으로 고개를 끄덕였다.

졸업생 그런데 우리나이로 4살인데, 아직 말을 잘하지 못하면 어떻게 되는 건가요?

근심어린 목소리였다.

나 마음이 아프지만 병원에 가는 것이 좋을 것 같습니다. 언어를 구사한다는 것은 발음기관뿐 아니라, 청각과 관련된 달팽이관이라든가, 특히 뇌에 있는 많은 기관들이 연관되어 있기 때문에, 혹시 이상이 있을지 모르니 전문의를 찾아야 합니다. 요즘은 초기치료를 하면 많은 문제들이 해소된다고 들었습니다.

졸업생 그렇다면 아이들의 초등학교 입학 시기에는 언어적으로 어떤 특징이 있나요?

또 다른 질문이 이어졌다.

나 아이가 초등학교에 들어갈 나이가 되면, 아직 완벽하지는 않지만 사회생활을 할 수 있는 언어 구사력을 갖추고 있다고 가정합니다. 그러니까 급히 화장실에 가야 한다고 손을 들어 말할 수 있고, 옆에 앉은 짝이 자꾸 짓궂게 굴면 선생님에게 고자질을 할 수 있죠.

졸업생   자신이 의도하는 것을 표현할 수 있는 시기네요.

누군가 거들었다.

나   그렇죠. 하지만 초등학교 입학 이후에도, 1, 2학년은 감성의 습득 시기인 만큼 아이가 학교라는 낯선 사회에 잘 적응하도록 선생님과 부모님의 세심한 정서적 지원이 필요합니다.

졸업생   아, 그래서 초등학교 3학년부터 영어를 가르치기 시작하는군요.

누군가 의문이 풀려다는 듯, 톤이 높아진 목소리로 불쑥 튀어나왔다.

나   네. 그 이전까지 영어공부가 놀이의 차원이었다면, 그 이후부터는 모국어의 비교적 안정된 기반 위에서 진지한 외국어 학습이 시작됩니다. 규칙을 배워 적용하고 이의 패턴을 파악하여 점점 더 어려운 구조를 익혀가는 지적능력을 키워가게 되죠.

이미 밖이 어둑해져 가는데도 자녀의 언어교육에 관한 질문은 꼬리에 꼬리를 물었다.

나   답변이 거의 강의 수준이 되어가네요.

내가 멋쩍어하며 잠시 말을 멈추자, 졸업생 대장이 재빨리 끼어들었다.

졸업생 죄송해요. 늦어졌지만, 질문 하나만 더 드려도 될까요? 아이의 해외연수는 언제 보내는 것이 좋을까요?

다시 주의가 집중되었다.

나 만약 방학을 이용하는 단기연수라면 어느 때라도 무방할 것 같아요. 하지만 이때에도 반드시 보호자가 동행해야 합니다. 1~2년 정도의 장기연수는 모국어로 자신의 느낌과 생각을 충분히 표현하여 이를 외국어로 옮길 수 있는 초등학교 5학년에서 중학교 2학년 사이의 어느 시기를 추천합니다. 물론 그 이후에도 영어 학습은 언제든지 가능하지만, 언어학적인 측면에서 이때가 비교적 악센트 없이 후에 이중 언어를 구사할 확률이 높기 때문이죠.

졸업생 외국어학습 능력은 13세 정도가 한계시기라고 들었는데, 그게 사실인가요?

또 다른 질문이 이어졌다.

나 그렇지 않습니다. 한계시기에 관한 가설은 단지 모국어에만 해당됩니다. 인간의 모국어 습득은 6세까지 보장되고, 그 이후 점차 어려워지다가 사춘기 지나면 불가능해집니다. 제가 수업시간에 보여주었던 불쌍한 '지니'의 비디오를 기억하나요?

졸업생　주정뱅이 아버지와 맹인 어머니 사이에서 세상과 단절된 채 살았던 그 소녀말이죠?

나　네, 맞습니다. 지니는 사춘기까지도 모국어를 배우지 못하는 특별한 환경이었지만, 외국어 학습의 경우는 다릅니다. 각자 노력에 따라 사춘기 이후에도 외국어 학습은 언제든지 가능합니다. 결코 늦은 시기는 없습니다. 물론 절대적인 시간과 에너지가 필요하겠죠.

밖은 이미 어둑해져 있었다.

졸업생들은 자녀들의 언어교육에 관한 많은 질문이 남아있다고 했다.

아쉬운 표정으로 자리를 뜨는 그들을 바라보며, 우리의 부모세대가 이루어 놓은 교육열이 갈수록 뜨거워지고 있다는 것을 실감할 수 있었다. 좋은 대학을 보내기 위한 희망사항이겠지만, 동기가 어디에서 시작되었든 그 덕분에 우리나라는 서양문명을 빠르게 극복하여, 오늘날의 우리 대한민국을 만들었다.

좋은 엄마가 되려는 노력을 게을리하지 않는 졸업생들을 만나고 나니, 우리나라의 질적인 교육의 발전도 머지않았다는 확신이 들었다.

공부란 무엇인가?

학교는 규칙의 이해와 적용의
연마과정을 강조한다. 이것은 학습.

하지만 공부에는 학습이외에도
주어진 환경에서 자연스럽게 지식을 흡수하는 습득.
한 주제를 깊이 있게 파고드는 탐구.
나의 창작품을 완성해 가는 연구.
4가지가 있다.

영어에 자신이 없다고 한다.
학습에서 멈추었기 때문이다.

진정한 나를 소통하고 싶다면
계속 탐구하고 연구해야 한다.

4장

세상으로 깊게 들어가기

세계 어디로든 평행이동할 수 있다

우물
아픔을 공감하는 목소리

비교가 가장 첨예하게 일어날 때는 자신과 전혀 다른 것들과 엇갈렸을 때이다.

거짓 자아는 발붙일 곳이 없고 자아인식으로만 살아남을 수 있었기 때문이었다.

나는 1980년대에 미국대학에서 공부하였다. 독일어 전공이었기 때문에 미국의 학문적인 환경뿐 아니라 일상의 모든 면에서 몹시 취약했다. 때문에 미국대학에서 독어독문학을 전공하며 만난 사람들과 겪었던 경험들이 더 풍부한 의미로 다가왔던 것인지도 모른다.

당시 스위스 친구가 4살 아들의 베이비시터를 부탁하러 나의 사무실 문을 두드렸다.

아이를 돌본 경험이 없었던 나는 잠시 망설였지만, 크리스라면 도전해 볼 만하다고 생각했다.

두 살 때부터 우리 학과 도서관을 드나들던 그 아이는 형, 누나들과 스스럼없이 어울렸다. 어느 날 그림을 그리던 크리스가 나를 발견하고는 자기에게 가까이 오라는 손짓을 하였다. 내가 다가가 몸을 기울이자, 나지막이 속삭였다.

"글쎄, 어제 레스토랑에 갔는데, 아저씨가 하얀 빵을 먹겠니? 검은 빵을 먹겠니? 하는 거예요. 그래서 제가 그랬죠. 회색 빵 주세요."

아이는 나에게만 큰 비밀을 알려주었다는 듯, 어깨를 한 번 으쓱하더니 개구쟁이 같은 미소를 지어 보였다.

친구는 집을 떠나기 전에 아이를 돌보며 유의해야 할 사항을 꼼꼼히 적은 쪽지를 나에게 건네주었는데, 그중 하나가 '책 읽어주기'였다. 그리고 그녀는 내게 자신의 가족 여행담 하나를 들려주었다.

지난여름 바티칸으로 가족여행을 갔는데, 그곳 정문에 서 있는 늠름한 복장을 한 병정이 스위스인이라는 사실에 크리스가 큰 감동을 받았다고 했다. 엄마로부터 스위스 병정이 왜 교황님을 지키는 근위대가 되었는지 설명을 들었기 때문이다. 신성로마제국 황제 카를5세가 바티칸을 침범했을 때 스위스 친위대가 끝까지 교황님을 지키고 안전한 곳으로 대피시켰던 역사적 사실에 대해 알게 된 크리스는 한동안 강인하고 용맹한 《빌헬름 텔》의 이야기를 좋아하게 되었다고 한다.

그런데 얼마 전부터는 《우물》 이야기에 꽂혀 밤마다 그 책을 찾는다고 귀띔을 해주었다.

드디어 잠잘 시간.
크리스가 책을 들고 왔다.

"너는 왜 이 책을 좋아하니?"
나는 조심스럽게 물었다.

"우물이 불쌍한데, 도울 수가 없어요."
아이는 폭신한 침대 위로 올라가며 대답했다.

아주 먼 옛날 옛적에, 평화로운 마을이 있었어요.
성당 앞 광장에는 우물이 있었고, 마을 사람들은 그 곳에서 물을 퍼가며 늘 고맙다는 인사를 남겼죠. 아이들은 방과 후에 이곳으로 달려와 우물에게 재미있는 이야기를 들려주었어요.

우물은 무척 행복했답니다.

그러던 어느 날, 꽝하는 소리가 들렸어요.
마을 젊은이들은 전쟁터로 끌려갔고, 아이들도 하나둘씩 아빠 엄마의 손을 잡고 마을을 빠져나갔죠. 우물은 혼자 남게 되었어요. 그리고 몇 해 동안 혹독한 가뭄을 견디느라, 우물의 물도 점점 말라 갔어요.

다시 왁자지껄하는 사람들 소리가 들렸어요. 전쟁이 끝났나 봐요. 하지만 우물을 찾아 온 사람들은 사랑하던 마을 사람들이 아니라, 관광객이었어요. 그들은 성당을 건성으로 둘러보더니, 우물을 내려다보며 거칠게 말했어요.

"애들아. 우물에 물이 없나 봐."

"그래? 그럼 우리 얼마나 깊은지 소리를 질러 볼까?"

"야호."

"더 크게 해 봐."

"알았어, 야~~~호."

우물은 아팠어요. 그래서 나직이 신음소리를 냈죠.

"아우치."

나는 우리말의 '아야' 대신에, 동화 속의 생소한 의성어를 잘 발음하려고 숨을 고르던 중이었다.

"아우치."

나지막한 크리스의 목소리가 겹쳐서 들렸다.

아이는 진정으로 아파했다. 미간을 살짝 찡그리더니 이내 눈을 감으며, 우물의 슬픔을 온몸으로 함께 아파했다.

아이는 결핍을 가진 주인공이 그려가는 이야기를 만날 때, 상상력이 피어난다.

나에게 크리스의 감수성이 전해오며, 한참 동안 물끄러미 잠이 든 아이의 얼굴을 바라보았다.

'이 아이는 커서 어떤 어른이 될까.'

어둠 속에서 엄마가 정성껏 만들어 놓은 은하수의 별들이 천장에서 쏟아지고 있었다.

사슴
서양의 토론은 가정에서 학교로 이어진다

지도교수님이 저녁 식사에 초대해 주셨다.

마침 아들 내외와 8살 손자 다니엘도 방문하여, 우리는 다 함께 저녁 식탁에 둘러앉았다. 즐거운 식사가 거의 마무리될 무렵. 다니엘 아빠가 요즈음 집 근처에 사슴이 자주 나타나서 걱정이라고 했다.

"며칠 전에도 교통사고가 날 뻔했잖아요. 퇴근길에 어둑한 곳에서 사슴 한 마리가 갑자기 튀어나와 혼비백산했죠. 가끔 있는 일이기는 하지만. 그날은 유리창에 부딪힌 사슴의 눈망울과 눈이 마주치는 바람에, 혼비백산했었죠."

차창에 부딪힌 사슴은 다행히 크게 다치지 않은 듯 절룩거리며 길 건너 숲으로 사라졌다고 했다. 그리고 그는 잠시 주저하다가 다시 숨을 고르며 말을 이어갔다.

"아무래도 뒤뜰에 있는 사슴들을 총으로 쏘아야 할까 봐요."

그때였다.

다니엘이 벌떡 일어나며 외쳤다.

"사슴을 죽이다니! 그건 안 돼요."

다니엘은 사슴을 죽여서는 안 되는 절대적인 이유를 두서없이 설명하느라 계속해서 숨을 헐떡였다. 우리는 모두 사슴의 입장에 대해 속사포같이 설명하는 다니엘에게 집중하지 않을 수 없었다.

아빠가 진화에 나섰다.

"다니엘, 너도 알다시피 우리 주에서는 사슴 사냥이 합법적이야. 사냥총에 맞거나 교통사고로 비참하게 죽는 것보다 뒷산에서 죽는 편이 사슴들에게 더 낫지 않을까?"

분을 참지 못한 다니엘이 이번에는 의자 위로 올라갔다.

엄마의 표정이 찌그러졌다. 손님 앞에서 예의를 지키라며, 여러 번 손짓으로 신호를 보냈지만, 다니엘의 태도는 단호했다. 절대 신념을 굽히지 않았다.

그때 나는 슬며시 할아버지의 얼굴 표정을 살펴보았다. 지도교수님은 엷은 미소를 띠운 채, 이 논쟁을 경청하고 있었다. 사슴사냥을 허용하는 법과는 상관없이, 손자가 사슴의 살생을 허락할 수 없는 이유에 대해 강한 의지를 표현하는 모습을 흐뭇하게 지켜볼 뿐이었다.

미국 가정에서 이와 같은 토론 장면은 자주 일어난다.

그리고 이는 학교로 이어지며, 자연스러운 연속성이 일어난다.

문학 시간이나 과학 시간은 말할 것도 없고, 역사 시간에도 [결과 – 원인]에 대해 분명한 인과적 관계를 제시하며 토론을 벌인다. 만약 합스부르크 왕가가 멸망하였다면, 그 멸망의 이유를 세 가지로 정리하여 설명해야 한다. 학생들은 사건이 일어난 원인을 찾아, 자신의 주장을 뒷받침할 수 있는 증거를 제시하며 인과관계를 밝히는 것이 훌륭한 사고라고 배운다. 학교를 졸업하고 사회에 나가서도, 이러한 사고방식의 실천은 연속된다.

그렇다면 우리의 경우는 어떠한가?

학교 안에서의 수학이나 과학 교육은 서양식의 사고방식을 따라야 한다. 하지만 학교 밖으로 나와 일상으로 돌아오면 한국식의 사고방식으로 돌아오는데, 이때 불연속성이 발생한다.

그래서 집안에서 갈등이 생길 때, 아버지가 백 번을 양보하여 이야기를 들어나 보자고 하였을 때, 이 말을 믿고 아들이 학교에서 배운 대로 논리적으로 파고들었다가는 큰 분란이 일어나기 십상이다. 처음에는 인내하며 아들의 말을 듣던 아버지도 몇 번의 대화가 오가다가 어느 순간 폭발하는 경우가 많기 때문이다.

"아니, 이 녀석이 어디 감히 아버지한테."

아들도 이미 학교 공부에 과부하가 걸린 상태여서, 집에 돌아오면 그냥 쉬고 싶다.
그래서 부모와 부딪힐 경우, 집안의 평화를 위해, 차라리 "다녀왔습니다." 하며 방에 들어가 나오기를 거부한다.

사회에 진출해서도 마찬가지이다.
회사 일을 틀림없이 수행하기 위해서는 분석적이고 논리적인 인재가 필요하다지만, 업무 중에 강한 자기주장을 하거나 상사에게 조금이라도 공격적으로 자기 방어를 하게 되면, 곧바로 이들은 주위와 조화롭게 어울리지 못하는 사람으로 낙인 찍혀, 인성이 부족하거나 아직 미성숙하다는 평가를 받게 된다.

나는 그날 3대가 모여 토론하는 광경을 지켜보며, 역시 서양사고의 본질은 토론이라는 것을 새삼 확인하였다. 그 핵심은 주제가 아무리 회오리처럼 얽혀 있더라도, 이 삼각형을 거꾸로 세워 위에서부터 차근차근 단계적으로 풀어나가려 노력하면서 논리적인 결론에 도달하는 방식에 있었다.

매기
미국과 한국의 사고방식은 같고도 다르다

미국에서 공부를 시작한 첫 학기에 문제가 생겼다.

중간고사 때 제출한 내 리포트를 보신 교수님은 실망한 표정을 감추지 않으시며, 학기 말에 더욱 분발하라는 말씀을 덧붙이셨다. 나는 당시 독일에서 미국대학으로 넘어와 영문 리포트를 제대로 써 본 적이 없는 상태였다. 그래서 문제파악을 하지 못해 갈피를 잡지 못하였다.

이런 문제의 해결은 당연히 교수님과 면담 시간을 잡아 문제점이 무엇인지 파악하는 것이 옳다. 그런데 도무지 용기가 나지 않았다. 어쩌면 문제에 대한 설명조차도 제대로 이해하지 못할까 봐, 두려웠는지도 모르겠다.

'아, 벌써 지치네.'

나는 많이 지쳐 있었다

독일에서 2년간 공부를 하였지만, 여전히 기초가 불안한 상태였다.

그날 밤, 나는 온갖 걱정에 휩싸여 잠을 이룰 수가 없었다. 오랜 망설임 끝에 아래층에 사는 친구 매기의 방문을 두드렸다.

"매기, 자니?"

"아니, 들어와!"

열린 문 사이로 매기가 책상 앞에서 책을 읽는 모습이 보였다.

"너에게 질문하고 싶은 게 있는데. 괜찮겠니?"

"물론이지. 어서 들어와."

매기가 손짓하였다.

"네가 내 리포트를 검토해 주며, 문제가 있다고 했던 거. 기억나?"

매기는 고개를 끄덕였다.

"문제가 많았지. 솔직히 이야기해도 돼?"

매기는 잠시 생각을 가다듬더니, 곧 말을 이어갔다.

"우리는 글을 쓸 때 문제의 핵심으로 곧바로 들어가는 것이 일반적이야. 자신의 생각을 깔끔하게 정리한 후에 서론에서 이미 결론을 말해주는 거지. 본론은 단지 이를 증명하기 위한 몸통일 뿐이야. 그리고 결론에 이르면, 서론에서 주장했던 것을 확인시켜 줄 뿐이야."

"그런데 내 리포트는 어땠어?"

"나열만 있을 뿐, 완성도가 떨어진다는 인상을 받았어. 흥미로운 점은 네가 이야기를 할 때도, 이와 비슷한 흐름이라는 거야."

매기가 자세를 고쳐 앉았다.

"그러니까 우리는 [가설 – 증명 – 결론]으로 글을 써."

"과연 그러한 흐름만이 좋은 글일까?"

"멋진 반론이야. 하지만 서양인들은 그것이 자신의 의견을 전달하는 최상의 흐름이라고 확신하고 있어. 이에 따라 학교에서 학생들은 이 논리에 따라 전체적인 구성을 연습할 뿐 아니라, 구두점이나 대문자/소문자의 구별에 이르는 세세한 부분까지 평가를 받으며 철저한 학습 과정을 거치게 돼."

나는 귀담아듣고 있었다.

"그런데 너의 리포트를 보면 시간이 촉박해서인지, 토론과정의 치열함이 부족해 보였어. 이는 네가 주제에 대해 충분히 생각하지 않았다는 증거이기도 하지."

매기는 점점 더 솔직해졌다.

나는 대꾸하였다.

"너의 지적에 전적으로 동의해. 난 아직까지 그 어디에서도 미국식 글쓰기를 훈련받아 본 적이 없거든."

우리의 토론은 계속되었다.

"나도 서양방식만이 늘 옳다고 주장하는 것은 아니야. 얼마든지 다른 방식이 있을 수 있을 거야. 하지만 우리는 그리스−로마시대부터 이 형식논리가 가장 설득력 있다고 믿어 왔기 때문에, 네가 만약 미국에서 공부하려 한다면, 먼저 서양의 생각하는 방식과 흐름에 익숙해져야 할 거야."

매기의 지적은 송곳 같았다.

동서양의 생각하는 방식에 차이가 있지만 내가 미국에서 공부를 하겠다고 온 이상, 나는 이곳의 보편적인 형식을 따라야 했다.

매기의 방에서 나와 의도적으로 발걸음을 가볍게 하여 계단을 올라갔지만, 마음은 돌덩이를 올려놓은 듯 무거웠다. 그러나 어찌하랴, 이 정체성의 혼란을 나 혼자 차분히 정리해 보는 수밖에 없었다.

발달심리학자인 앤 퍼널드와 하로미 모리카와가 미국 엄마와 일본

엄마가 아이와 장난감 자동차를 가지고 노는 모습을 관찰한 논문이다.[16]

미국 엄마는 사물의 이름을 자주 언급하며 아이와 교감한다. "이건 자동차란다. 자동차 보이지? 자동차 좋아?" 아이가 자동차에 주목하면, 그 다음엔 자동차의 부분인 바퀴에 집중한다. "와, 바퀴다. 동그란 바퀴 멋있지?" 그리고 창문에, 핸들에.

반면 일본 엄마는 자동차 자체보다 그것이 주위와 어떤 관계를 가지고 있는지에 대해 더 많이 언급한다. "자, 여기 봐. 부릉부릉." 아이를 자신의 쪽으로 유도한 다음, 아이와의 관계를 시도한다. "자, 차를 너한테 줄게. 이제 다시 엄마한테 줘 봐." 그리고 관계 속에서 일어나는 평가를 곧바로 내린다. "옳지, 잘했네. 우리 아기 참 예쁘다."

아이에게 사회적 관계 속에서 어떻게 행동해야 하는지 가르치는 일본 엄마의 모습은 우리에게도 익숙하다. 이에 반해 개체를 환경에서 독립시켜 아기가 주의를 기울이도록 도와주며, 사물의 이름과 특성을 가르치는 미국 엄마는 익숙하지 않다.

그런데 이 낯설음에 서양사고방식의 비밀을 푸는 열쇠가 있었다.

서양의 사고는 전체를 확인한 후에, 이를 부분으로, 개체로, 소분자로 잘게 쪼개는 데에서 시작한다. 그때마다 이름을 붙이고 특성을 파악한다. 동물 두 마리에 코끼리와 원숭이라는 이름이 붙는 순간, 이들은 개체가 되고 각각의 개별특성을 파악할 수 있다. 이들은 둘 다 새끼를 낳는 공통적 특성도 가지고 있어, 새로운 이름인 포유류에 속하게 된다. 이러한 논리적 흐름에서 자연스럽게 규칙이 만들어지고, 아이들은 포유류는 새끼를 낳는 동물이라는 중요한 규칙을 이해하게 된다.

한 번도 본 적이 없는 치타가 나타나도 문제없다. 날쌘 치타가 포유류인지 알아보려면, 어떻게 하여야 할까.

그렇다.

두 가지의 규칙을 적용하여 치타가 동물인가, 새끼를 낳는가를 검증하여 판단하면 된다. 이러한 흐름은 이미 지적인 학습과정이지만, 훈련을 거친 서양 아이들에게는 이러한 방식으로 사고하는 것이 마치 제2의 본성처럼 자연스럽게 활성화된다. 개체에 집중하는 서양의 사고방식은 아이들이 자라나며 점점 더 개인적인 자율성을 갖도록 격려한다. 어릴 때부터 집 안에서 자기 의견을 주장하고, 이 주장이 설득력이 없거나 반박을 당하였을 때에도 서양아이들은 이를 방어하는 토론에 익숙하다.

그렇다면 미국대학에서 공부하고 있는 나는 어떻게 해야 하나?

답은 하나뿐이다.

일단 한국인으로 서양식을 철저하게 이해하여 나를 연마하는 수밖에 없다. 이건 현실이다. 하지만 동시에 인문학도로서 비교의 더듬이를 세워, 동서양 사고의 차이와 문화의 차이를 넘나드는 힘을 기르도록 애써야 할 것이다.

물론 쉽지 않은 과제이다. 하지만 불가능한 것도 아니다.

사고와 문화의 차이를 넘나드는 힘이 미래에 어떠한 새로움을 만들어낼지, 어떠한 새로운 정체성을 만들어 낼지 알 수 없으니, 계속 정진하여야겠다.

쿼터백
엄청난 명성에도 인간의 존재는 고독이다

미국대학에서 강의를 할 때, 잊히지 않는 특별한 추억이 하나 있다.

그 학기에는 무슨 일인지 내 과목을 수강하겠다는 학생들이 학과사무실 앞에 장사진을 이루며 아우성이었다.

'이게 웬일일까?'

알고 보니 우리 학교 미식축구팀의 쿼터백이 나의 반에 수강신청을 한 것이었다.

그것도 순전히 시간대가 맞아 내 과목을 신청한 것인데, 학생들의 반응은 폭발적이었다.

이 초대박 영웅 때문에 나도 순식간에 유명인사가 되어버렸다.

"글쎄. 안 된다니까요. 20명이 정원인데 벌써 5명을 초과했어요."

학과 비서는 밀려오는 학생들 때문에 진땀을 흘리며 정원초과를 막았고, 이에 맞춰 여학생들의 움직임도 부산해졌다. 영웅과의 데이트는 치어리더들뿐 만이 아니라 누구에게나 로망일 수 있었다.

우리 반에 쿼터백이 들어왔다는 사실은 나에게도 대박이었다. 당연히 기분이 좋았고 쿼터백에 대한 호기심이 생겼다. 그가 내 강의 시간에 진짜 영웅이란 사실을 호기롭게 증명한 것은 발음이었다.

독일어 중에 미국학생들이 굉장히 꺼리는 발음이 있다. 학생들은 순간적으로 원숭이가 되는 것 같다며, 적지 않은 학생들이 이를 기피하거나 얼버무려, 매 학기 이 때문에 애를 먹었다. 그런데 이번 학기는 달랐다. 우리 반의 영웅이 훌륭하게 시범을 보이자, 모든 학생들이 유쾌한 분위기에서 이를 순식간에 마스터하였다. 영웅은 역시 멋졌다. 학습의 어려운 고비마다, 그는 나의 의도를 명확히 꿰뚫어 솔선수범하는 태도로 수업 분위기를 주도해 나아갔다. 나는 감동하였고, 수업은 그 어느 학기보다 활기찼다.

어느 날 쿼터백이 내게 면담 신청을 했다. 학과 복도에 또 다시 여학생들로 북적였다.

12시 15분. 우람한 체구의 그가 나타났다.

몇 주 후에 경기가 시작되기 때문에 수업에 관한 사전 양해를 구하는 의례적인 절차였다. 나는 중간고사 이후의 수업내용과 과제물에 대해 설명하였고, 학점에 대해서는 차후 학과장님과 의논하겠다고 말하였다.

"미식축구를 좋아하세요?"

영웅이 느닷없이 물었다.

"아니요. 게임규칙도 모른답니다. 몸을 한껏 부풀려서, 공을 가진 사람이 넘어지면 그 위로 주르륵 포개 넘어지는 럭비보다, 맨몸으로 한골씩 추가하는 축구팬이에요."

나의 무심한 발언에 그는 큰 소리로 웃었다.

"미식축구는 굉장히 미국적인 스포츠예요. 그래서 미국을 이해하려면 미식축구 팬이 되셔야 해요. 제가 표를 보내드릴 테니 꼭 응원 와주세요."

나에게도 문득 질문이 떠올랐다.

"그 커다란 운동장에서 쿼터백으로 뛴다는 것은 어떤 느낌일까요?"

"음."

그는 잠시 생각했다.

"고독하죠."

그의 감성적인 답변에 나는 반격의 강편치를 맞은 느낌이었다.

"책임감이 커질수록, 창의적인 경기운영이 필요하기 때문에 자주 초심으로 돌아가야 해요. 그것이 이 과목을 택한 동기이기도 하죠. 전혀 모르는 외국어를 배운다는 느낌이 어떤 것일까 느껴보고 싶었거든요. 망망대해에 조각배를 타고 있는 것 같은 느낌 같을 것이라고 상상했어요. 많이 배웠습니다. 진심으로 감사했습니다."

쿼터백은 경기장으로 돌아갔고, 그를 경외하던 수강생들도 일부 빠져나갔다.

'저런.'

몰랐던 바는 아니었지만, 막상 중도 포기자가 발생하자, 나의 사기도 다소 저하되었다.

그러나 어쩌랴.

나는 제자가 보낸 준 표를 들고, 난생처음 어마 무시한 관객에 휩싸여 스타디움으로 향했다. 그리고 목이 터져라 외쳤다.

"고우우우, 블루!"
"가즈아, 우리 팀"

데드라인
전문가는 혹독한 훈련의 전통에서 나온다

박사과정 중에 논문작성의 자격 여부를 검증하는 시험이 있었다. 그 별명은 '공포의 14일 프로젝트'.

응시자는 주제를 받은 날부터 정확히 14일째 되는 날 오후 5시까지 완성한 소논문을 제출해야 한다. 만일 5분이라도 늦는다면? 그대로 실격이다.

하지만 사람인 이상, 그 기간에 몸이 아프거나 피치 못할 사정이 생길 수 있지 않겠는가?

맞는 말이다. 그럼에도 불구하고 그 변수조차도 큰 틀에서 예상하고 움직여야 한다.

너무 비인간적이 아닌가?

그렇게 말할 수도 있다.

하지만 박사학위란 미래의 교수 인력을 배출하는 것이 목표이다. 이에 따라 이 시험에서는 14일간 동안 응시자가 미래에 교수라는 직업을 갖게 되었을 때, '연구, 교육, 봉사'라는 세 분야를 균형감 있게 수행하며, 책임을 완수할 수 있는 자질에 대한 평가를 한다. 특히 인문학은 방대한 양의 지식과 씨름하며 정답이 없는 현실 세계의 의제를 풀어내야 하고, 특히 미국과 같이 다양한 민족들 간의 예측하지 못하는 첨예한 문제들이 속출하는 경우에, 시간의 압박 속에서도 독창적인 성과를 만들어내야 한다.

정해진 날 아침, 나는 우편함을 열어 보았다.

시험의 주제는 학과구성원 모두의 관심사였다. 주제는 그 시점에서 학문적인 주요 경향을 제시할 뿐 아니라, 이를 응시자가 어떻게 다루어내느냐에 따라 후속 토론이 이어지기 때문이었다. 친구들은 긴장하고 있을 나에게 다가와 다정하게 말을 건네거나 따뜻하게 안아주며 정신적인 후원을 아끼지 않았다.

그런데 고민이 생겼다.

나는 여전히 학생들을 '가르쳐야' 했다. 시험에 돌입하기 전에는 수업을 하면서 시험도 잘 치러 낼 수 있다고 생각했다. 하지만 막상 닥치고 보니, 이러한 야심 찬 계획은 실수였다는 것을 깨달았다. 14일 만에 시험결과를 만들어 내며, 수업까지 병행하겠다는 것은 분명 욕심이었으며, 잘못된 결정이었다. 가슴앓이를 하며 초조해했다. 그렇지만 모두가 정신없이 바쁜 미국생활에서 누구를 붙들고 도움을 요청한다는 것도 상상할 수 없었다.

그런데 이건 기적이었다.

친구들이 나의 우편함에 메모를 남겼다. 나의 수업을 대신해 주겠다는 것이었다.

'아니 어떻게 이런 일이.'

수북이 쌓인 쪽지들을 다 모아 요일별로 배치해 보니, 14일간을 채우고도 남았다.

나는 믿을 수가 없었다.

복도에서 마주친 로버트에게 고맙다고 인사를 하니,

"미안해하지 않아도 돼. 이건 우리의 빛나는 전통이니까."

"정말?"

나는 그래도 믿을 수 없었다.

"너도 드디어 우리 공동체의 진정한 일원이 된 것이지."

로버트가 검지와 약지를 꼬아 들며, 행운을 빌어주었다.

우편함을 열자 또 다른 친구들이 쪽지를 남겼다.

'나라면 이번 주제에 이 문헌만을 절대 놓치지 않을 거야.'

'최근에 너와 비슷한 주제를 다룬 논문을 읽었는데, 이미 알고 있겠지만, 혹시나 해서 메모를 남긴다.'

'주제를 풀어가는 방향의 가능성 중 이쪽도 생각해 보았어.'

나는 친구들의 응원 속에 14일간 시험에만 몰두할 수 있었다.

그 사이 수업은 대체된 친구들에 의해 순조롭게 진행되었다. 도움이 필요한 일이 있으면, 언제라도 연락을 달라는 격려의 메시지도 수시로 날아들었다.

14일간 절대 외롭지 않았다.

그런 가운데 나는 '아, 이게 몰입의 경지라는 것이로구나.' 하는 평생의 자산이 될 경험을 하였다.

드디어 14일째 되던 날 오후 5시.

논문을 무사히 제출하였다. 날아갈 것 같았다.

시험이 다 끝난 후에 들은 이야기이지만, '14일의 프로젝트'는 미래의 교수가 될 응시자의 교수자질을 학문적인 결과물로만 평가하는 시험은 아니라고 하였다. 그보다는 결코 혼자서는 통과할 수 없는 이 어려운 프로젝트를 자신의 평정을 유지하며 공동체의 연대감 속에서 어떻게 풀어나가는가에 대한 평가점수가 더 중요하다고 했다.

한 치 앞을 내다볼 수 없는 상황에서 친구들의 도움은 결정적이었다. 과제를 단계적이며 구체적인 성과를 통해 수행하면서, 나는 비로소 그동안 지식으로만 알고 있던 공동체 의식을 감성으로 느낄 수 있었고, 공동체 연대라는 개념이 비로소 체험으로 견고해졌다.

만약 앞으로 나의 후배가 나와 똑같은 시험을 치르게 된다면?
나도 의심의 여지 없이, 똑같은 위치에 설 것이다.
내가 받았던 사랑을 되돌려 주려 최선을 다할 것이며, 그들의 목표를 이룰 수 있도록 내가 가진 모든 것을 부족함 없이 내어줄 것이다.

공포의 데드라인은 표면적으로 미래의 교수라는 직업을 수행하기 위한 능력을 평가하는 시험대였지만, 내면적으로는 극한까지 내몰리는 상황에서 나의 공동체와 진정으로 깊이 소통할 수 있는 힘이 무엇인지를 깨닫게 하는 선물이었다.

　빛나는 전통을 함께 만들어 간다는 자부심.
　그것은 고통 중에도 진정성과 공감으로 이루는 또 다른 나의 정체성이 되었다.

　이건 우리의 빛나는 전통이야.
　너도 우리 공동체의 진정한 일원이야.

　나는 절대 외롭지 않았다.

멘토
깨달음에 동행하는 어른

독일을 다시 다녀와야 했다.

이건 나의 선택이 아니었다. 미국대학의 외국어 학과에서는 논문자격시험을 통과한 후에는 무조건 일정기간을 해당언어 국가에서 수학해야 하는 의무조항이 있었다. 다행히 누구나 그 단계에 이르면 독일 국가장학금의 혜택을 받아 경제적인 면에서는 아무런 문제가 없었다.

나에게도 그때가 왔다.

사실 나는 이 시기를 내심 기다려 왔다.

미국 생활의 초긴장 속에서 탈출하고 싶었고, 상대적으로 여유로운 시간이 허락되는 유럽생활이 많이 그리웠기 때문이었다.

　그런데 암초가 생겼다.

　장학금의 조건에는 파견 독일대학에서 영어수업을 담당해야 한다는 사항이 명시되어 있었다. 더구나 그 수업은 세미나 형식의 토론수업이었다. 이번에는 대륙을 바꾸어 독일 학생들에게 영어수업을 진행해야 하다니.

　갑자기 담배 연기를 내뿜으며 카페테리아에 촘촘히 둘러앉아 토론에 몰두하고 있는 독일 대학생들의 풍경이 떠올랐다.

　어떻게 해야 하나. 난감했고 확신이 서지 않았다.

　그렇다고 여기에서 학위를 멈출 수는 없지 않은가. 생각해 보니 이제는 앞으로 진격하는 것보다 뒤로 돌아갈 길이 더 멀고 아득했다. 시험관문을 잘 통과하고, 이제야 가뿐한 마음으로 독일에 가서 자유롭게 논문준비를 할 수 있다고 생각했는데. 휴 – 한숨이 절로 나왔다.

　독일에서의 생활을 세세히 떠 올려 볼수록, 나는 점점 의기소침해졌다.

　방구석에 처박혀 생각만을 거듭하니, 한없이 기분이 가라앉았다.

　장학금 수락을 결정해야 하는 마감일이 다가올수록 머리가 더욱 복잡해졌다.

나는 생각했다.

'차라리 모르는 곳이라면 무모하게 달려들어 보겠는데.' 독일은 경험해 보아서, 오히려 겁이 났다. 이제 지도교수님을 찾아뵙는 수밖에 없었다. 마지막 보루였다.

"혹시 다른 대학으로 배정받을 가능성은 없을까요?"

절박한 심정으로 나는 교수님께 여쭈었다.

"유감스럽게도, 없네요. 다른 대학들도 검토해 보았는데, 요구사항이 더 많아요."

교수님은 나의 고민을 이미 간파하신 듯, 무척 안타까워하셨다.

"2년 전만 해도 수업에 관한 의무조항은 없었는데. 요즈음 독일에서 영어사용에 대한 열기가 높아지며, 미국에서 오는 대학원생들을 연습 세미나에 투입하네요."

교수님은 난감한 표정을 지으시며 나를 바라보셨다.

"솔직히 제가 자신이 없어서요."

목소리가 기어들어 갔다.

그때, 교수님의 단호한 목소리가 들렸다.

"잘할 수 있을 겁니다. 나는 확신합니다."

나는 순간 깜짝 놀랐다. '확신'이라는 단어가 울림이 되어 나의 뒤통수를 뻑 치니, 정신이 번쩍 들었다. 그리고 고개가 서서히 위로 올라가며, 긍정적인 바람이 나를 감싸는 느낌이었다.

"독일 학생들이 토론을 무척 즐기지 않습니까?"

"네."

"토론 주제를 신중하게 선택하는 것이 무엇보다 중요할 것입니다."

"저도 그렇게 생각합니다."

"혹시 이렇게 해보면 어떨까요? 토론방식을 찬반의 이원론적인 구조로 하여 학생 사회자를 선발한 후에 함께 수업을 진행하는 거죠. 사회자 학생들과는 사전면담을 하여, 예상 시나리오를 작성하고 중요한 개념들을 미리 정리하여, 역할분담을 하는 겁니다."

　두려움의 실마리가 조금씩 풀려가는 듯했다.

"토론에서 무엇보다도 중요한 것은 자신이 모든 것을 주도해야 한다는 강박에서 벗어나는 것입니다. 선생도 학생과 마찬가지죠."

　나는 고개를 끄덕였다.

"인간에겐 부족한 것을 자동적으로 보충하여 이해하려는 능력이 있어요."

"인지부조화 규칙을 말씀하시는 거죠?"

"네. 그렇습니다."

교수님은 책을 펼치시며,[17] 옆의 그림을 가리키셨다.

"여기 이 그림을 보세요. 다리가 몇 개인가요?"

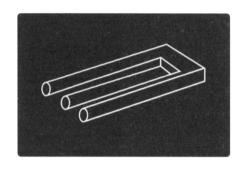

"세 개 아닌가요? 아, 그런데 뭔가 이상하네요. 착시가 일어났네요."

"바로 그렇습니다. 이러한 착시현상은 무엇을 볼 때에만 일어나는 것이 아니라, 말을 하거나 글을 읽을 때에도 똑같은 현상이 일어나죠."

나는 교수님의 말씀을 잘 이해하였다.

"진정한 소통이 일어나려면 말이나 글에서도 개인적인 판타지가 숨 쉴 수 있는 공간이 있어야겠네요."

교수님은 미소를 지으셨다.

"정확합니다. 메시지는 말하는 사람이 아니라 듣는 사람이 이해한 것만큼 그 의미가 전달되는 것이죠. 그렇기 때문에 완벽하게 말했다고 해서 듣는 사람이 동일하게 이해했다고 생각한다면, 그건 바보 같은 생각이겠죠. 결국 토론을 할 때 가장 중요한 것은 마음을 열고 경청하면서 서로의 부족한 부분을 섬세하게 보충해 가는 자세일 것입니다.”

“외국어라고 다를 것이 없겠죠?”

“지극히 동일합니다. 말하는 방식에는 누구에게나 개인차가 있게 마련이죠. 그러나 인간 본질에는 상상의 힘이 있다는 것을 믿어야 합니다. 그래야 강박에서 벗어날 수 있죠.”

교수님은 면담을 마무리하시며 한 가지를 더 당부하셨다.

“토론 중, 선생의 역할은 기술적인 면도 갖추고 있어야 하는데요. 예를 들어, 학생들이 편을 갈라 동의하거나 반론을 전개할 때, 선생은 의식적으로 그것들의 논리구성이나 인과관계에 주시하면서 전제조건에 대한 근본적인 의문을 지속적으로 던질 수 있어야 합니다. 그래야만 토론의 전체적인 완성도를 높이며 자연스러운 결론에 도달할 수 있게 되죠.”

‘아, 멘토란 이런 존재였구나.’

나는 지도교수님의 연구실을 나서며 생각했다.

‘위기의 벼랑 끝에 섰을 때 찾아뵙고 의논드릴 수 있는 산과 같은 존재. 그리고 친절하고 적극적인 조언으로 문제의 실마리를 풀어주는 존재.’

나는 이미 신발 끈을 고쳐 매고 있었다. 빛이 보였다.

'그래, 난 잘할 수 있어. 그럼, 이제 마법의 주문을 외어볼까?'

나는 어려울 때 나 나름대로 개발한 마법의 주문을 가지고 있었다. 그것은 현재 상황을 냉정하게 두 문장으로 만들어, '그러나'로 먼저 연결해 본 후에, '그러나'를 '그리고'로 대치하면서 문장의 순서를 뒤집어 보는 것이다.

'나는 독일에 가야 하나, 부족하다.'

그러자 어깨가 축 처지는 느낌이었다.

'자 그럼, 슬슬 주문을 외어볼까?'

나는 길을 걸으며 큰소리로 외쳤다.

"나는 부족하고, 독일에 가야만 한다."

부족한 나를 화끈하게 인정하고 나니, 존재감이 살아나는 마법에 걸려 성공적인 독일에서의 수업을 위해 무엇을 어떻게 해야 할지 마음이 분주해 지기시작했다.

간접 보고만 인용해서는 어떤 한계를 넘어서기가 어렵다. 과학에서 특정현상을 조사할 때는 직접 관찰하는 것이 최선이다. 가령 인류학자들은 2차 자료를 폭넓게 사용한다. 하지만 정말로 사모아인의 문화를 이해하고 싶다면 조만간 가방을 꾸려 사모아에 가야 한다.

말라버린 우물에 관광객들이
소리를 지르자
아이는 함께 아파했다.

사슴을 죽여서는 안 된다며
꼬마는 의자 위에 올라가
씩씩거리며 외쳤다.

상상 초월의 주목을 받으며
성장한 쿼터백.
공을 쥔 순간, 고독이라.

그를 직접 응원하고 싶어졌다.

가즈아 블루~!

5장

세상에 다시 서기

나를 중심에 놓고 새 가능성을 바라보자

한국인의 자리
나를 움직이는 것은 과연 무엇인가?

이제 서양문화를 깊이 이해하였다면
나에게로, 우리에게로 돌아올 시간이다.

21세기를 만들어 갈 한국인을
진한국인이라 부르려 한다.
더 이상 세계의 변방이 아니라
세계의 중심 자리로 들어오는 한국인이다.

이를 위해 3가지 조건을 다시 정리하려 한다.

해체할 수 있어야 중심으로 들어갈 수 있고
직선과 나선을 창의적으로 다시 엮어야 하며
혼자가 아니라 함께 움직여야 한다.

더 이상 주어진 틀에 맞추려 애쓰는 '닫힌 내'가 아니라, 나를 중심에
놓고 세상의 가능성을 바라보는 '열린 나'로 시작해보자.
나를 움직이는 것이 무엇인지 확인하기 위해, 자신감과 희망으로 나
를 만들어가기 위한 이야기를 해보자.

함께 떠나는 목적지의 이름은
진한국인.
가짜 자아를 벗어버린 '진정한 한국인'이라는 뜻이다.

나에게 가장 알맞은 지구촌의 그 어느 자리에서,
나의 감수성과 지식으로 세상을 자연스럽게 경험하며
나를 움직이는 힘으로 진짜 나를 세우기로 작정한.

그리고 내용은 깊지만,
그 만남은 깔끔하고 여운이 남는.

세상에 다시 서기

진한국인이란?
21세기를 빛낼 한국인의 3가지 특성

진한국인으로

내가 있어야 할 자리를 찾기 위해 3개의 계단을 올라가 보고자 한다.

높거나 험하지는 않다.

흥미롭고 즐거운 길이었으면 좋겠다.

1단계: 해체와 중심 – 참새와 펭귄

한국인은 오랫동안 세계사의 변방에 머물러왔다. 21세기에는 우리도 지구촌의 중심으로 들어가 인류발전에 기여하는 일을 해야 한다.

이를 위해 첫 번째로 해야 할 일은 무엇일까? 여기에는 국가적인 차원이건, 개인적인 차원이건, 스스로를 성찰하여 해체해 볼 수 있는 용기가 필요하다. 그래야 질문할 수 있고 새로운 해석을 할 수 있는 가능성도 열리기 때문이다. 참새만이 항상 범주의 중심에 서 있어야 할까? 누가 그 권위를 부여하였는가? 새의 원형에서 멀어져 가장자리에 서 있는 펭귄도 중심으로 진입할 수는 없을까?

2단계: 직선과 나선 – 햄버거와 비빔밥

미국의 사고방식은 직선이고 한국의 사고방식은 나선이다. 단계적 컴퓨터방식과 나열적 회오리방식에는 차이가 있다. 학교에 가면 우리는 서양방식으로 교육을 받지만, 집에 돌아오면 우리 방식으로 돌아와야 한다. 이러한 불연속성은 힘든 공부가 진짜 나에게 밀착되어 있지 않다는 느낌을 줄 때가 있다. 과학만능주의 시대에 햄버거와 같이 단계적으로 쌓아 올리는 방식도 중요하지만, 우리가 찾는 가치와 의미에 답하기 위해서는 비빔밥과 같은 나열식도 중요하다. 혹시 이 두 가지 방식의 결합에서 우리의 독창성을 끌어낼 수는 없을까?

3단계: 나와 우리 – 채플린과 까치호랑이

나를 성장시키는 원동력은 무엇일까. 그것은 내 감수성으로 세상을 경험한 나의 살아있는 지식일 것이다. 21세기에는 기계가 인간의 팔다

리뿐만 아니라 머리까지 대체할 것이라 한다. 그래서 어디에서나 창의성이 강조되고 있다. 하지만 창의성의 앞에는 상상력이 있어야 하고, 상상력의 앞에는 예리한 관찰력이 있어야 가능하다. 20세기의 채플린은 이를 이루기 위해 좌충우돌 홀로 빛났었다. 그러나 21세기의 고단한 삶을 우리가 이겨나가기 위해서는, 까치의 조잘거림에도 넉넉한 표정으로 귀를 기울이며 대화하는 민화 속 호랑이가 되어야 하지 않을까?

	마음가짐	열쇠 말	목표
1단계	나의 자리 찾기	해체	의미 있는 질문하기
2단계	나를 세우기	논리	이해하며 관통하기
3단계	나를 믿어 보기	소통	대화하며 살아가기

대단한 일을 목표로 하든, 지극히 개인적인 일을 목표로 하든, 우리가 시도하는 각자의 삶은 매우 소중하다. 성격 급한 사람은 한국인을 대표하는 진한국인이 현실에 존재하느냐고 묻고 싶을지 모르겠다.

나는 소설가 한강을 주저 없이 내세우겠다.
문학은 대상의 진짜 느낌에 주목하며 진짜 방식을 이야기하고, 우리의 모국어인 한국어로, 우리의 땅인 한국에서 함께 살아가는 사람들의 감각, 감정, 생각을 출발선으로 인류 보편의 이상을 그려내는 보물 같은 형식이기 때문이다.

우리 민족은 단절의 불운한 역사를 겪었다.

하지만 30년이 넘는 교수 생활에서, 나는 우리의 젊은이들이 이를 극복하고 복원하여, 현대적이고 가장 멋진 고리를 만들어낼 것이라는 믿음을 가지고 있다.

그들에게 헤르메스의 날개가 필요하다.

측정하기 이전에는 어느 것도 판정할 수 없다. 그것이 21세기 불확실성의 세계이다. 그 속으로 용기를 가지고 도전하는 우리 젊은이들을 위해, 우리 어른들이 먼저 21세기를 이해하는 진한국인이 되어야겠다.

자, 그럼 3개의 계단을 천천히 밟아 올라가 보자.

참새와 펭귄
주변에서 중심으로

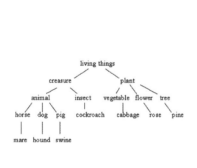

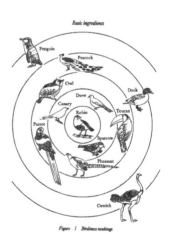

Basic ingredients

Figure 1 Birdiness rankings

1970년대에 등장한 오른쪽의 원형이론은 왼쪽의 표준이론이 가진 방법론적 문제를 해결하기 위해 탄생하였다. 표준이론은 잘 알려진 대로, 수직적인 분류법을 택한다. 가장 높은 꼭짓점이 생물이면, 여기에서 동물과 식물이 나뉘고, 식물은 다시 채소, 꽃, 나무로, 그리고 꽃은 장미, 백합, 코스모스로, 또 그 아래의 분류도 '착착착' 이루어진다.

반면에 원형이론에서는 표준이론의 이분법을 극복한다.

새라고 하면, 전 세계인들은 문화권을 불문하고 참새를 새의 원형으로 떠올린다고 한다. 참새가 새의 자질인 [날개가 있다] [날다] [다리가 가늘다] [부리가 있다] [알을 낳는다]의 특성을 가장 잘 갖추고 있기 때문이다. 따라서 참새가 여러 겹의 원을 두른 과녁의 중심에 있게 된다.

이렇게 참새가 중심에 서면, 새의 특질에서 결핍을 보이는 새들은 점점 더 변방으로 밀려나게 된다. 제대로 날지 못하는 오리나 꿩이 중심에서 멀어지고, 마침내 날개는 있지만 허둥거리며 뛰어다니는 타조나, 날개조차 퇴화하여 뒤뚱거리며 걷는 펭귄은 맨 가장자리에서나 만날 수 있다.

더 나아가 파랑새와 같이 현실에 존재하지만, 동화같은 작품을 통해 많은 상징을 가진 새는 어디쯤 서 있으면 좋을까.

중심과 해체

경계에 서 있는 존재들은 표준이론에선 설 자리가 없었다.

예외로 분류되거나 아예 무시를 당하기 일쑤였다.

이들은 단지 평균의 효율을 해치는 주범이었다.

혹시 항의라도 들어오면, 모르는 바는 아니나, 당장 함께 논의하고 다루어 줄 여력이 없다는 얼음장이 돌아올 뿐이었다.

개별성은 표준이론에서 존중되지 않았다.

규격화된 틀에 맞지 않으면, 무조건 생산성의 효율을 떨어뜨린다는 이유로 스스로 사라져주어야 했다.

박쥐가 바로 이 경우에 속한다.

펭귄이나 타조보다 한술 더 떠서, 날개가 있어 새에 속하는 듯하지만, [알] 대신에 [새끼를 낳는다]라는 특성 때문에 새의 범주로 분류되기 어렵다. 그렇다고 박쥐를 새끼 낳는 범주에 넣자니, 더욱 난감하다. 그래서 어디에도 속하지 못한 박쥐는 오늘날에도 '박쥐 같다'라는 오명을 쓰고 기회주의자로 살아가고 있다.

표준이론을 비판하며 등장했던 원형이론의 배경에는 포스트모더니즘의 흐름이 있었다. 표준이론의 분류법에서 가차 없이 제외되었던 새들이 원형이론에서는 주변에서나마 그들의 자리를 찾을 수 있게 되었듯이, 경계에 있던 모든 존재는 자신의 목소리를 찾을 수 있는 근거를 찾게 된 것이다. 인류는 한 발자국 앞으로 나아가게 되었다.

그러나 질문은 계속된다.

범주에 관한 고정관념은 누가 만든 것인가.

누가 그 권위를 부여한 것인가.

과연 그러한 주장은 진실한가. 또 다른 해체가 필요하지 않은가.

참새의 해체

참새는 죄가 없다.

참새만이 중심이어야 한다는 편견이 인간사고의 무한한 가능성을 가로막고 있을 뿐이었다. 고정관념을 깨고 나오면 분명 새로운 세상이 열린다. 전화는 손가락을 넣어 다이얼을 돌려야 하는가. 단추같이 나온 곳을 손으로 꾹꾹 눌러야만 하는가. 없어졌다 필요할 때만 나타나, 손가락 끝에 닿기만 해도 되지 않을까.

해체가 일어나지 않으면 새로운 시각의 문도 열리지 않는다.

단 한 번만이라도 우리가 가장 사랑하는 새를 중심으로 새의 범주를 새롭게 만들어 보는 시도를 하지 않는다면, 의식의 전환은 일어나지 않는다.

펭귄은 언제나 맨 가장자리에 있어야 하는가.
이것이 의미 있는 질문의 출발점이다.

의자는 가구의 범주에 속하는가?
누가 그렇게 정해 놓았는가?
1925년 마르셀 브로이어는 의자에 대한 근원적인 질문을 시작하였다. 의자는 가구의 하위범주로서 반드시 가구 공방에서 만들어야 할까.

대답은 "아니다" 이다.

브로이어는 의자를 온전한 하나의 독립적인 개체로 놓고, 거기에서부터 의자의 기능이나 자질, 형태에 대해 고민을 거듭하였다. 그러다 보니, 의자에서 가장 중요한 것이 무엇인가에 대한 질문에 도달하게 되었다. 그 중심에 인간이 있었다. 의자의 기능 중에 가장 중요한 것은 편안함이었다. 그러면서 브로이어는 책상다리를 한 사람의 모습을 떠올렸고, 이는 인체공학적인 디자인으로 발전하게 되었다.

　마침내 직각 형태의 전통적인 나무의자에서 벗어나, 그 당시로써는 매우 파격적이었던 신소재들을 가져다 쓰는 계기가 되었다. 가볍게 휘는 철의 일종인 크롬으로 골격을 잡고, 그 사이를 고래잡이 어망에서 썼던 튼튼한 줄을 엮어 만든 새로운 유형의 의자가 탄생하였다.

　그는 이 의자를 존경하는 스승인 바실리 칸딘스키의 이름을 따서 '바실리의자'라고 칭하였다.

　굳건했던 틀이 흔들려
　해체가 일어나면, 사람들은 두려움을 느낀다.
　과거의 성공이 큰 의미가 없어지고, 미래에 다가올 세상에 대해 정확히 알 수 없다는 불안감이 밀려올 수밖에 없다. 그러나 시간이 흐르면 새로운 발명품이 자연스럽게 중심에 들어서게 되고, 자신이 가지고 있던 고정관념은 깨질 수밖에 없다. 굳건했던 틀도 흔들릴 수밖에 없다. 그것이 혁신과 발전이라는 이름의 운명이다.

우리와 같은 서양문물의 후발주자는 늘 불안하다.

서양 지식을 이해할 수 있는 충분한 시간이 없었기에, 탄탄하지 못한 기초로 여기저기 뚫린 구멍을 내가 그 누구보다 잘 알고 있기 때문이다. 맞닥뜨려야 하는 현실은 때로는 가혹하다. 그러다 보니 아직도 많은 부분을 선진국의 모방에 의존하는 상황이다.

그렇다고 언제까지나 그럴 수는 없다. 그렇게 머무를 수 있게 허락된 시간도 그리 많이 남아있지 않다.

이제 우리도 우리의 독창적인 해석이 필요하다.

서양이 지배하는 질서에서 우리 자신에게 가치 있고 의미 있는 질문을 하지 못하면, 우리의 자리는 앞으로도 계속 불안한 변방일 수밖에 없다. 질문하지 않고 중심에 굴복한다면, 남겨진 과제라는 것은 그저 암기하고 주입하여 외우고 반복하는 학습만이 남아있을 뿐이다. 그마저도 위태롭다. 기계들이 이런 일들을 빠르게 대체하고 있기 때문이다.

인류는 한 발자국 앞으로 나아가게 되었다.

고정관념은 깨질 수밖에 없다.

우리도 우리의 독창적인 해석이 필요하다.

해체
두려워하지 않으면 누구에게나 자신의 자리가 있다

우리가 가장자리에 있는 펭귄에게 주목하려는 이유가 있다.

완벽주의라는 금기를 깨기 위해서이다.

수직적인 쪼개기를 하면, 전부가 아니면 전무이다. 극단적인 이분법에 시달릴 수밖에 없다. 그러나 그 극단의 사이에는 일억 개보다 더 많은 별이 있다. 그 무수한 별들이 자리를 찾지 못하면, 개인의 소중한 특성은 묻혀버린다. 이 얼마나 안타까운 일인가.

완벽주의가 강요되는 곳에서 사는 사람들은 하루에도 몇 번씩 과대망상증과 우울증의 양극을 롤러코스터를 타고 오갈 수밖에 없다. 그래서 때로는 위험에 대한 격렬한 반감으로, 실패할지도 모르는 일은 아예 회피해 버리고 '나는 나대로 산다'라고 외치게 된다.

열정을 찾아라.

젊은이들에게 이 말은 위협으로 다가올 수 있다. 나는 조심해서 사용해야 하는 문구라고 생각한다. 특히 우리의 학생들은 학교에서 학생되는 법만을 배웠을 뿐, 의미 있는 질문을 하는 방법을 배우지 못하여, 갑자기 너의 가슴이 뛰는 것이 무엇이며 열정을 느끼는 것이 무엇이냐고 다그치는 질문은 그들에게 때로 상처를 줄 수 있다.

어른들도 마찬가지다.

어쩌다 어른.

이 표현에는 살아가는 방법을 깊이 생각해 볼 여유가 없었다는 어른들의 고백이 숨어있다. 이미 어른이 되었는데도 압박에 제대로 대처하지 못하고 주위의 시선과 기대에 부응하지 못하는 상황에서 자신의 약점이 드러날까 봐. 어른도 젊은이들 못지않게 불안해하고 있다.

지금 어느 연령대에 속해있건, 어느 자리에 서 있건, 세상에 휩쓸리지 않으려면 한 번쯤 멈추어 주위를 둘러보아야 한다. 21세기의 원형 이론은 함부로 누구를 제외하는 것은 아니지만, 자신이 느끼는 소외감까지 배려할 수 없기 때문이다.

　자신을 성찰하여 해체하는 데 두려움을 가질 필요는 없다.
　나를 움직이는 것이 무엇인지 알고 있다면, 짧고 또 긴 호흡으로 친
천히 움직이면 된다.

　누구에게나 내 자리가 있다.

　하늘을 보라.
　일억 개의 별이 자기 자리에서 아름다운 빛을 뽐내고 있지 않은가.

　그중의 하나는 분명 나의 별이다.
　진한국인은 나의 합당한 자리를 찾아 움직이는 사람들이다.
　그 길에서 혹시라도 두려움에 밀려난다면, 이는 한 발자국 앞으로
나아가라는 신호이다. 천천히 그리고 나의 호흡으로.

햄버거와 비빔밥
쌓아가는 형과 펼치는 형

햄버거는 재료들을 층층이 쌓아 올려서 단면이 보인다.

비빔밥은 재료들을 펼쳐 놓아서 전체가 한눈에 보인다.

어느 것이 더 먹음직스럽고, 먹기 좋은가를 말하려는 것이 아니다.

햄버거 재료가 단계적으로 포개져 올라가 있는 모습이 미국이 사고하는 방식을 닮았고, 비빔밥 재료가 어깨를 겨루는 가운데 육회와 노른자가 화룡점정을 찍은 모습은 마치 한국이 사고하는 방식인 회오리를 닮았다는 이야기를 하고 싶어서이다.

피천득의 《수필》

여기 한국인이 좋아하는 수필 한 편이 있다.[18]

피천득의《수필》이다.

> 수필은 청자연적이다.
>
> 수필은 난이요, 학이요, 청초하고 몸맵시 날렵한 여인이다.
>
> 수필은 그 여인이 걸어가는 숲속으로 난 평탄하고 고요한 길이다.
>
> 수필은 가로수 늘어진 페이브먼트가 될 수도 있다.
>
> 그러나, 그 길은 깨끗하고 사람이 적게 다니는 주택가에 있다.
>
> (중략)
>
> 수필은 흥미를 주지마는 읽는 사람을 흥분시키지는 아니한다.
>
> 수필은 마음의 산책이다. 그 속에는 인생의 향취와 여운이 숨어 있는 것이다. (후략)

이 글을 읽는 한국인이라면 누구나, 작은 조약돌이 마음속에 던져져 그 여울이 잔잔하게 퍼져나가더니, 마지막에는 회오리처럼 에워싸며 결국 '수필이란 무엇인가?'의 정점에 도달하는 느낌에 닿게 될 것이다. 참으로 친밀하고 아름다운 글이다.

그런데 이 글에 대해 미국인 글쓰기 선생님이 혹독한 비판을 한 적이 있었다. 나는 그때 그 현장에 있었다. 선생님은 피천득의 글이 수필이라는 주제에 대해 단순한 나열을 하였을 뿐, 서양의 글쓰기에서는 있을 수 없는 전개라고 목소리를 높였다. 미국적 사고방식에서 이 글은 수필에 관한 자료수집 정도에 그쳤을 뿐, 논리적 토론단계가 전혀 보이지 않는 완성도 떨어지는 글이라고 혹평하였다.

나는 무척 화가 나 있었다.
강의참관을 하러 들어간 사람으로 사실 예의에서 벗어났지만, 동서양이 생각하는 방식의 차이를 간략히 설명한 후에 이를 기반으로 피천득의 글이 한국인에게 왜 사랑받는지, 그 이유를 밝혔다.

그러자 미국 선생님은 무척 당황하며 수필이라는 문학 장르를 무시하려는 의도는 없었다고 하였다. 단지 한국 학생들이 무의식적으로 나열식 글쓰기를 계속하여, 무언가 강력한 모범사례로 충격을 주어야겠다는 고민 끝에《수필》을 발견하게 되었다는 해명이었다.

　미국 선생님의 고충도 이해하지 못하는 바는 아니었다.

　지금의 우리나라 학교에서 배우는 지식은 서양의 사고방식을 따른 서양문물의 결과물이니, 학교에서의 글쓰기는 당연히 서양식을 따라야 한다.

　그런데 학생들이 이러한 서양식 글쓰기를 배울 시간이 부족하여 나열식의 한국식에 머물러 있어, 선생님은 그것이 안타까웠을 것이다. 지적을 당해야만 하는 우리의 글쓰기 딜레마에 대해서 간략하게나마 짚고 넘어가 보자.

글쓰기의 딜레마

　서양의 논리적 글쓰기는 철저히 형식논리를 따른다. 이는 우리나라에서 시행하고 있는 대학입시 논술고사를 떠올리면 된다. 가장 간단한 형식은 누구나 알고 있는 [서론 – 본론 – 결론]이다.

　글쓰기의 주제가 정해지면, 이에 대한 자료를 수집한다.
　생각을 거듭하여 결론에 도달하면, 이를 이미 서론에서 간략히 소개

한다.

본론에서는 나의 주장을 뒷받침하는 3가지 정도의 탄탄한 증거를 제시한다.

결론에 도달하면, 이미 서론에서 언급하였던 주장이 맞지 않느냐는 확인을 하면 된다. 과학에서의 [가정 – 실험에 의한 증거제시 – 결론]도 같은 형식이다.

> 논리적인 글쓰기에는 절대적으로 시간이 필요하다.
> 사고과정을 거쳐야 하기 때문이다.

미국과 같이 다양한 민족이 모여 사는 나라에서는 의무교육 기간에 이러한 논리적 흐름을 익히는 것을 무엇보다 중요하게 생각한다. 이는 가지고 태어나는 능력이 아니고 배워 익혀야 하는 능력이기 때문에, 미국 학생들은 초등학교에 입학한 이후 12년 동안 그리스–로마 시대로부터 서양을 지배하여 온 형식논리가 그들의 제2의 천성이 될 수 있도록 철저하게 훈련받는다. 학년이 올라가면서는 주제에 대한 논리적 흐름뿐 아니라, 구두점까지 점수로 환산하여 엄격하게 평가한다.

우리는 어떠한가?

우리 학생들도 당연히 서양이 사고하는 방식을 글쓰기로 연마해야 하지만, 우리의 현실은 훨씬 복잡하다.

우리나라는 세계적인 기준에서 볼 때 서양문물을 수용히는 데 상대
저으로 늦은 편이었기 때문에, 지난 빈세기 동인 임청난 양의 서양 시
식을 한꺼번에 흡수해야만 했다.

무엇이든 양이 많아지면, 생각이라는 것을 할 겨를이 없다.
암기하고 문제풀이를 하면서, 선생님은 학생들이 앞선 지식을 이해
하였는지 확인해야 진도를 나갈 수 있었기 때문에, 이에 따른 평가는
가장 낮은 차원의 사지선다형일 수밖에 없었다. 글쓰기 평가는 이상적
이지만, 시간이 허락하지 않아 상상조차 할 수 없는 상황이었다.

여기서 한 번 생각해 보자.

우리나라의 중고등학교 학생들이 수업시간에 형식논리에 의한 서양
식의 글쓰기를 본격적으로 배워 본 적이 있는가.
그러한 시간적 여유가 있었는가.

글쓰기는 매우 중요하다.

이러한 당위성에도 우리의 중·고등학교 교육과정은 서양식 글쓰기를 가르칠 충분한 시간적 여유를 갖지 못한 채, 논술고사 같은 형태의 입시제도가 과연 공정한지, 이에 대한 질문은 분명히 필요해 보인다.

미래 교육의 청사진이 철학적으로 결핍된 상태에서 입시제도의 정책만을 계속 바꾸게 된다면, 혼란은 가라앉지 않을 것이다. 오히려 사교육의 창궐과 같은 부담으로 교육의 토양은 더욱 황폐해질지도 모른다.

일본은 2020년도 대입제도에 프랑스의 바칼로니아 제도를 받아 들이려는 준비를 하고 있다는 소식이 들려온다.

우리 교육부도 이에 대비하여 적극적인 검토에 들어갔겠지만, 글쓰기의 딜레마는 여전히 우리가 넘어야 할 힘든 고비로 남아있다.

한국인의 창의성
직선과 나선이 결합할 때 폭발한다

미국과 한국의 사고방식에는 분명 다른 부분이 있다는 것을 선명하게 이해해야 한다.

미국　　　　　　한국　　　　　유럽

직선과 나선, 그리고 지그재그형 사고

미국식이 직선이라면 우리식은 회오리와 같은 나선형이다.[19] 학교에 가면 미국식의 형식논리로 공부할 수밖에 없는 것이 우리의 현실이지만, 집에 돌아오면 다른 사고로 편안히 쉴 수 있는 여유를 주어야 한다.

미국식과 한국식의 사고방식은 모순을 대하는 태도에서 가장 다르게 나타난다.

미국식은 참이면 거짓일 수 없다. 결론으로 가는 길은 바로 이 모순을 하나씩 제거하는 과정이다. 그래서 토론을 하여 모순을 제거하며 합의된 결론에 도달하고자 모두가 노력한다.

하지만 한국식은 다르다.

한국식은 참이더라도 거짓일 수 있다. 참이더라도 이는 표면적일 뿐, 거짓도 아니라는 가정이 들어있다. 그래서 참과 거짓을 따지다가도 어느 사이엔가 조화를 중요하게 여기는 쪽으로 흘러간다. 이때 누군가 지나치게 서양식의 논리로 파고들면, 그는 사회적으로 아직 미숙하다는 평가를 받기도 한다.

이렇게 미국식과 한국식의 사고방식이 다르다면, 유럽식은 대안이 될 수 있을까.

그렇지는 않다.

유럽의 지그재그형은 오랫동안 같은 곳에서 지적 수준이 비슷한 사람들이 모여 살고 있을 때 가능하다. 문제가 있을 때마다 멈추어서 논의하고, 다음 단계로 나아가기를 반복하며 천천히 문제를 해결해 나간다. 미국이 개별사건을 모듈형식의 단위별로 사고할 때, 유럽은 이를 사회 전체의 구조적인 맥락에서 바라보려 애쓴다.

하지만 우리가 유럽식의 모델을 차용하기에는 시간적 여유가 없다. 급히 처리해야 할 일들이 많기도 하지만, 이를 이끌어나 갈 전문가의 집단층위가 아직 충분히 형성되어 있지 못하기 때문이다.

창의적 사고의 폭발

우리는 그렇다면 어떻게 하여야 하나?

남은 한 가지는 우리가 편하게 느끼는 사고방식에서 출발하여 미국식의 직선적 사고방식으로 관통하는 것이다. 한국 전통의 나선형 중심을 서양의 과학기술인 직선이 뚫고 지나가는 형태이다. 이는 한국식과 미국식을 개별적으로 인정하며 필요할 때마다 방법론적인 묘수를 대안으로 삼는 경우이다.

미국식과 한국식의 사고방식에 분명한 차이가 있다는 것이 우리에게는 딜레마이다. 하지만 이를 인정하고, 학생들이 학교에서는 미국식으로 학습하지만, 집으로 돌아오면 한국식으로 충분한 여유시간을 가질 수 있도록 허락한다면 어떻게 될까.

그렇게 되면, 학생들은 자신의 핏속에 흐르는 한국의 나선형에 미국의 직선형을 관통시켜, 마침내 나를 보여줄 수 있는 창의성을 폭발시킬 것이다.

그리고 어른들은 젊은이들과의 대화에서 지나치게 한국식만을 고집하여 그들을 힘들게 하고 있지는 않은지, 한 번쯤 멈추어 생각해 볼 필요가 있지 않을까.

채플린과 까치호랑이
홀로선 이와 함께하는 우리

달항아리를 천천히 들여다보면,

삶의 한 가운데 서 있는 사람이 한 손을 허리에 얹고 지팡이에 몸을
기댄 채, 먼 곳을 응시하고 있는 찰리 채플린 같다는 느낌이 든다. 항
아리도 거꾸로 들어 바닥을 보면, 고단했던 채플린의 구두 밑창처럼

거친 흙이 남아있을 것 같다.

민화 속의 호랑이도 자신을 심판하는 현명한 까치의 조잘거림에 잔뜩 약이 올라 있어야 하는데, 오히려 미소를 머금은 채로 상대를 응시하는 모습이 채플린의 표정과 묘하게 닮아있다.

단지 차이가 있다면 채플린은 홀로 빛나고 있지만, 호랑이는 까치와 같이 있을 때 비로소 익살스러운 표정을 지으며 삶을 즐기고 있는 듯이 보인다는 점이다.

앞에서 이야기하였듯이, 21세기에도 당분간은 서양문물이 세상을 지배할 것이다. 이에 따라 서양 사람들은 절대적으로 유리하다. 자기들이 사고하는 방식대로 새로운 것을 향해 열심히 도전하면서 앞으로 쭉쭉 나아가기만 하면 된다.

하지만 우리의 사정은 다르다.

우리는 학교에 가면 서양식으로 사고해야 하지만, 집에서는 한국식으로 사고하며 생활을 한다. 사고방식의 불연속성이 일어나는 것이다.

이 때문에 아이들은 많이 지쳐있다.

학교생활은 그 자체만으로 스트레스이기 때문에, 집에 오면 내가 하고 싶은 것을 하며, 편안한 내 방식으로 긴장을 풀고 싶어 한다. 하지만 그것이 우리 현실에서 가능하기나 한가. 부모들은 학교에서 가르치는 서양의 지식을 누가 더 빨리 더 많이 학습하느냐에 따라 좋은 대학을 가서 좋은 직업을 갖게 된다는 것을 잘 알기 때문에, 아이들은 끝이 보이지 않는 혹독한 경쟁에 시달리게 된다.

어디에서부터 대안을 고민해 보아야 할까.

한국인이 좋아하는 것

한국인은 유난히 흥이 많아, 떼 창을 좋아한다.

후렴구의 장단에 맞추어 '얼쑤!'를 외치는 데에 그치지 않고 가수의 노래 전체를 따라 부르며 적극적으로 참여하기를 좋아한다. 스스럼없이 열려있고, 조건만 성사된다면 누구라도 하나가 될 수 있다.

서양에서는 21세기에 들어 공감과 공동체 의식을 특별히 강조하고 있다. 서양과 같은 개인주의 사회에서는 21세기에 이들을 중요한 사항으로 부각시킬지 모르지만, 우리는 서양만큼 이 자질들을 강조하지 않아도 된다. 이미 우리의 핏속에 흐르고 있기 때문이다.

다만 역사적으로 식민시대를 겪으며 억압되었고, 6·25 전쟁을 겪으며 국토가 초토화되는 바람에 경제적 여건이 허락하지 않아, 이를 펼칠 기회가 부족하였을 뿐이다.

우리의 아이들과 젊은이들에게 멍석을 깔아주어 보아라.

지구촌의 그 어떤 젊은이들보다 열려있고 자신을 펼쳐 보일 준비가 되어 있다. 학생들과 외국에 함께 나가보면, 지구촌 어디서나 어떤 상황에서도 곧바로 저응력을 발휘한다.

우리가 서양 옷을 입고 서양 지식을 학교에서 배우며 서양의 엄청난 영향을 받아 여기까지 온 것은 사실이다.

하지만 21세기는 문화적인 측면까지 흉내를 내는 시대는 끝났다. 우리가 중심이 되어 우리를 펼치는 반격이 시작되어야 한다고 생각한다.

이를 위해 가장 시급한 일은 낡은 것들을 청소하여 새로운 창의력이 피어날 수 있는 여유 공간을 만들어야 한다. 제대로 된 멍석을 펼쳐 재능 있는 우리의 아이들과 젊은이들이 그곳에서 자신의 재능을 펼치며 마음껏 놀 수 있어야 한다.

현명한 까치를 바라보는 넉넉한 호랑이의 모습을 보지 않았는가.

21세기 대한민국은 젊은이들을 위주로 체제가 바뀌어야 한다.

예술가처럼 살아가기

해체로 거짓 자아에서 벗어나 자기의 자리를 찾았고, 동서양을 아우르는 자신감 있는 논리를 세워 소통의 입체화가 이루어졌다면, 이제 지구촌과 본격적으로 연결되기 위한 우리에게 필요한 마지막 자질은 무엇일까.

나는 우리가 예술가가 되어야 한다고 생각한다.

이는 모두가 예술가로서의 직업을 갖자는 뜻이 아니라, 그 누구라도 예술가적인 자질을 가지고 살게 되면, 21세기는 자신의 시대가 될 것이라는 뜻이다. 예술가와 같이 내가 무엇 때문에 움직이는지 알고 있다면, 세상과 더욱 흥미롭게 연결될 수 있고 문제가 생겼더라도 대안을 찾을 수 있기 때문이다.

예술가가 될 수 있는 가장 중요한 자질은 무엇일까.
사람들은 흔히 창의력이라고 한다. 그것은 결과론적인 이야기이다.

창의력 이전에 상상력이, 상상력 이전에 관찰력이 중요한 자질이다.
관찰력은 눈앞에 놓인 것을 단순히 엄청난 집중력으로 바라만 볼 뿐아니라, 그 이면까지도 바라보는 것이다. 예민한 관찰력은 단순한 지식이 아니다. 내가 겪은 경험과 감수성이 합해진 진짜 지식이다.

모든 생명체에 대해 내면의 경험을 꺼내어 예민한 감수성으로 관찰할 필요가 있다. 인간과는 말할 것도 없고, 개와 고양이, 화초와도 나눌 수 있는 감수성이 필요하다. 그리고 새로운 경험에 항상 열려있는 예민한 관찰력이야말로 예술가처럼 사는 전제가 된다.

러시아 연출가 스타니슬랍스키의 《배우수업》에 이런 장면이 나온다.[20]

어느 날, 배우지망생이 그를 찾아왔다.
추운 겨울날이었다.
"오늘 밖의 날씨가 어떤가요?"
"네. 춥습니다. 몹시 춥습니다."

스타니슬랍스키는 그 젊은이에게 이렇게 말하였다.

"배우지망생은 그렇게 대답하면 안 됩니다.
'추워요', '안 추워요', '몰라요'라는 식으로 답하면 안 됩니다.

대답하기 전에 상상력으로 왔던 길로 되돌아가서
날씨가 어떠했는지 기억을 더듬어보아야 합니다."

그리고 그는 말을 이어갔다.
"만난 사람들이 어떤 옷을 입었는지.
외투 깃은 어느 정도로 세웠는지.
발아래에서 쁘드득 부서지는 눈의 강도는 어떠했는지.
그 모든 것들을 떠올리며 자신의 감각을 점검해야 합니다.
그런 다음에 질문에 답해야 합니다."

스타니슬랍스키는 자신이 무엇을 하려는지 잘 모르면서 기계적으로 살아가거나 행동한다면, 그곳에는 관찰력과 상상력이 결핍되어 있다는 점을 지적하고 있다. 진실성을 갖지 못하는 연기자는 태엽을 감아 놓은 기계나 자동인형에 불과하다.

학생 모드를 벗어나기

21세기에는 기계들이 알아서 해 줄 테니, 인간은 그러한 노동에서 해방되어 인간의 상상력을 마음껏 펼치라고 한다. 그러나 이러한 자유가 공포로 다가오는 사람들도 있다.

　바로 학교에서 학생 되기에만 몰두해서 좋은 성적을 받았던 사람들이다. 사회에 나와서도 문제만 있으면, 곧바로 학원으로 뛰어가서, 학생 모드로 각을 잡는 사람들이다.

　누구를 탓할 수 있겠는가.

　지난 반세기 동안 우리의 교육 현실이었기 때문이다.

　하지만 21세기는 변화하고 있다.

　초반이어서 아직 실감하지 못하는 사람들도 있을지 모르겠지만 지금 진행되고 있는 기술의 발전속도라면 드론, 3D프린터, 자율자동차, 사물인터넷이 우리 일상으로 침투하는 것은 시간문제다.

　21세기에는 반복 학습을 하는 학생 모드에서 빨리 빠져 나와야 한다. 학교에서 가르치는 것만을 흡수하는 수동성에서 벗어나, 나를 중심에 두고 나의 프로젝트를 실현해 나아가야 한다.

　기계를 이용하는 것이 아니라, 기계와 함께 춤을 추어야 한다.

　사실 1020세대에게 이러한 이야기는 자연스럽다.

그러나 문제는 우리의 미래 교육을 책임지고 있는 어른들이 이와 같은 변화에 대해 이해가 부족한 것은 아닌지 걱정된다.

누구를 탓할 수는 없다.
그렇다면 우리는 어떻게 해야 하나?

진한국인의 삶
서로를 밝혀줄 때 더없이 풍성해진다

진한국인은 모든 것을 개성으로 승부해야 한다.

21세기는 모든 사람이 상자 밖으로 나와 생각하는 혁신가이거나 창조자이기를 바란다.

우리의 젊은이들은 그들에게 기회가 주어진다면, 전통에 한 발을 담그고도 예술가처럼 살 수 있다. 관습적인 감성이나 생각에서 벗어나 진리를 회피하지 않고, 어렵더라도 앞으로 나아갈 것이다.

우리에게 서양의 공식은 필요하다. 그리고 그것을 깊이 있게 이해할 필요가 있다.

하지만 거기가 끝이어서는 안 된다.

우리에게 필요한 것은 비로 그곳이 우리의 새로운 출발섬이어야 한다. 거기에서 시작하는 우리의 이야기를 할 수 있어야 한다.

과학은 숫자와 기호로 객관성을 추구하며 세상을 풍요롭게 밝혀준다. 그것을 깊이 이해하였다면, 그곳이 결코 끝이 될 수 없으며, 바로 거기에서부터 우리의 진짜 이야기를 우리의 방식으로 풀어내야 한다. 이는 방정식이나 법칙이 아니기에 개인마다, 문화마다 달라질 수밖에 없다. 더는 계산의 문제가 아니며, 해석의 문제이다.

예술은 이때 우리를 스스로 알게 해 준다.

21세기의 진한국인이 예술가처럼 살기로 작정하였다는 의미는 이제 나의 이야기를 나의 목소리로 하겠다는 의미이다.

예술이 주는 체험은 중요하다.

타인에게 나를 보여주며, 타인은 그 경험을 통해 다시 자아를 바라볼 수 있다.

예술은 우리를 먼 곳으로 데려갔다가 다시 집으로 이끌어주기도 한다. 덴마크의 햄릿이 살던 시대가 우리에게 무슨 의미가 있느냐고 물을 수 있지만, 햄릿의 캐릭터는 오늘날에도 우리 주위에서 발견되지 않는가.

이제 우리도 우리를 마음껏 표현할 때가 되었다.

혼자가 아니라 함께 할 때 우리는 더 힘이 난다.
까치와 호랑이같이 얼굴을 마주하고, 삶과 예술이 서로를 밝혀주는 진한국인으로, 21세기의 세상을 살아가 보자.

소설가 한강
진한국인의 원형

성급한 사람들은 21세기 진한국인의 모형이 되는 살아있는 인물이 존재하느냐고 묻고 싶어 한다.

나는 "존재한다"라고 답하겠다.

한국의 전통 위에 서양의 사고방식을 깊이 있게 이해하며, 이를 넘어 자신의 아름답고 독창적인 창작세계를 펼쳐 보이는 인물이 있다고 자신 있게 말할 수 있다.

그 이름은 소설가 한강.

나는 그녀가 우리나라 국민이 열망하는 노벨 문학상의 수상에 가장 가까운 인물이라고 생각한다. 일부에서는 매년 허망하게 노벨상 타령 이냐고 질책하겠지만, 나는 그렇게 생각하지 않는다. 21세기는 더욱 치열한 원천의 싸움터이기 때문에 노벨상이 모든 것은 아닐지라도, 누 군가의 수상은 처박했던 우리의 환경을 몇 계단씩 훌쩍 뛰어넘어 우리 의 자존감을 회복시켜 줄 것이다.

최신작 《흰》에서 한강 작가는 우리의 핏속에 흐르는 감성을 우리에 게 가장 자연스러운 생각의 틀에서 담아내고 있다. 이는 신기하게도 단지 전통에만 근거하지 않고, 서양의 생각하는 방식인 잘게 쪼개기로 이름을 붙이고 이를 추상화하여, 그녀만의 소설적인 이미지에 이르는 독보적인 세계를 보여주고 있다.

여기에는 겉으로 드러난 두 명의 조력자가 있다. 아버지와 번역가이 다. 아버지는 딸의 재능을 어렸을 때부터 눈치채고 인정하며, 보이지 않는 곳에서 열렬한 격려와 응원을 아끼지 않았다. 번역가는 원전에 나타난 작가의 의도를 해치지 않으면서도 세계의 독자들과 만나기 위 해 과감하게 자신의 논리로 독특한 번역의 세계로 호흡을 맞추었다.

적어도 이 셋의 조화가 예측할 수 없는 결과를 만들어내는 것으로 보인다.

작가의 아버지

한강 작가가 영국에서 상을 받았다는 소식이 전해지자, 그동안 국내에서 보지 못했던 진풍경이 벌어졌다. 영국에 머무는 딸을 대신하여, 원로작가인 아버지가 언론에 등장한 것이다. 맨부커 상의 심사위원들은 "압도적이고 정교하며 충격적인 소설"이며, "섬세하고 서늘하면서 단단한 문체의 감성"이라는 심사평을 전해왔다.[21]

과연 소설가인 아버지는 딸을 어떻게 평가할까.

"강이는 진즉에 나를 뛰어넘었죠.(딸의 작품 세계는) 전혀 새로운 신화적인 세계예요. 그래서 상상할 수 없는 세계죠."

이보다 더한 극찬이 있을까.

자식의 세계를 이토록 아름답고 빛나는 언어로 표현한 아버지가 있었던가. 그는 고향의 구민회관에서 열린 한턱내는 자리에서 자식의 가장 큰 효도는 아버지를 뛰어넘어 세상에 나가 빛을 비추는 일이라며, 자신은 딸에게서 이미 큰 효도를 받았다고 기뻐했다.

아버지가 기억하는 딸의 어린 시절은 어떠할까.

"강이는 내성적이며 순한 아이였다. 책 속에 묻혀 살고 책을 많이 읽었다. 집은 가난했지만 책은 많았다. 자기 세계 속에 살고 공상을 많이 했다. 얼굴이 보이지 않아 찾아보면 불도 켜지 않은 어두운 자기 방에 혼자 누워 공상을 하곤 했다."

이것은 분명 단순한 기억이 아니다.

한 씨네의 교육 방식이자, 우리의 전통적인 교육 방식이기도 하다.

자녀가 가진 자질을 조심스럽게 살피고 자녀가 좋아하는 일을 방해하지 않으려고 살금살금 다가가 흐뭇하게 살펴보는 아버지의 모습. 상상만 해도 마음이 따뜻해진다.

자식이 소설을 쓰면 조심스럽고, 자칫 잘못하면 자신의 방식으로 쓰라는 얘기를 할까 봐 말을 아주 아꼈다는 아버지는 그 누구보다 딸을 깊이 이해하고 있었다. 딸의 재능을 아끼고 믿으며, 힘껏 응원하는 방식이었다.

"강이는 소설 소재를 잡으면 그 소재로 완전히 소화시켜 형상화하는 도전적인 의지력이 있는 것 같다. 그래서 좋은 소설을 쓸 것 같다."

젊은이들이 부모로부터 바라는 더 이상의 격려는 없다. 지켜봐 주고 믿어주는 든든한 아버지가 옆에 계시면 이 땅에서 깊은 뿌리를 내려 그 힘으로 세계를 향해 뻗어 나가는 것은 언제라도 가능하다. 아버지가 딸에게 쓴 편지이다.

빛 속에 숨은 어둠을 밝히는 딸, 한강에게

첫 새벽에 깨어 일어났다. 아침까지 써주지 않으면 안 되는 원고가 있다. 그것을 나는 '원고 빚'이라 불러오곤 한다. 너도 평생 원고 빚에 시달리면서 살아야 하겠지. 운명이다. 평생 갚아야 할 원고 빚을 떠안고 살아야 하는 운명. 그것을 우리 또래 작가들은 천형이라 말한다.

아비가 지은 천생의 업을 자식에게 물려주다니 아비는 짠하다… 내 딸 강이를 작가로 만든 것이 무엇일까? 하고 생각할 때가 있다. 어린 시절 유쾌한 일이 있을 때, 너는 두 눈이 모두 감기도록 입을 한껏 벌린 채 활짝 웃곤 했다. 그것은 한 아름의 흰 꽃묶음을 화폭에다 네가 그리고 싶은 꿈을 그려가고 있을 터이다.

(후략)

한강작가는 한 인터뷰에서 아버지 세대가 글쓰기를 천형이자 업으로 무겁게 느꼈다면, 자신의 세대에서는 글쓰기가 더 이상 비장한 그 무엇은 아니라고 했다. 자신이 살아가는 한 방식이며, 자신에게 일어나는 질문에 답하기 위해 서성이지만 않고 일상을 꿋꿋이 걸어가는, 아버지 세대와는 다른 발걸음이라 하였다.

작가의 번역자

한강 작가에게 아버지 말고도 든든한 지원군이 한 명 더 있다.

젊은 영국인 번역가 데보라 스미스.

소설가를 꿈이었던 스미스 씨는 영어로 번역된 한국작품이 많지 않다는 데 주목하여, 그 동기로 한국작품을 번역하게 되었다고 했다. 그녀는 한강 작가의 작품을 발견하고, 원작자의 부드러우면서 날카로운 문체를 과하지도 부족하지도 않은 섬세하고 서정적인 영어 산문으로 옮겨서, 전 세계의 독자들에게 전하고 싶었다고 밝혔다.

때로는 한국어와 영어의 통사적 차이에서 오는 차이를 극복하기 위해 여러 겹의 노력을 기울였던 구체적인 사례를 공개한 적도 있다.

"어두운 숲이었어. 아무도 없었어. 뾰족한 잎이 돋은 나무들을 헤치느라고 얼굴에, 팔에 상처가 났어. (……)"《채식주의자》, 18쪽)

"Dark woods. No people, the sharp-pointed leaves on the tree, my torn feet. (……)"

서술형 문장을 명사형 종결 문장으로 바꾸고, 쉼표 위치도 달리해서, 명사형이 주는 간결한 맛과 리듬을 살려냈다. 영어는 명사 위주의 언어이기 때문에 '헤치느라고 얼굴에, 팔에 상처가 났다'라는 표현을 'my torn feet'의 세 영어단어로 축약하였는데, 이 번역에 작가는 만족하였을까.

스미스 씨는 한국어 문장에서 지시어를 찾아내는 것이 무척 어려웠다고 했다. 영어에서 'it'이나 'that' 같은 지시어는 그 직전의 것을 가리키지만, 한국어에서는 그렇지 않은 경우가 많았다고 한다. 때로는 몇 문장의 앞서 있는 것을 가리키기도 하여, 불가피하게 원작의 문장 순서를 바꾸며 마치 창작을 하듯이 번역했다고 고백하였다.
"서서히 조여 오는 거대한 얼음 같은 새벽빛 속에서 (……) "
《소년이 온다》

한국어에서 얼음 같다는 것은 어떠한 은유일까? 얼음이 부서지는 모습인가, 아니면 그럴 때 나는 소리를 의미하는 것인가, 아니면 또 다른 무엇인가. 그녀는 우선 단어와 단어를 대응해서 아래와 같은 문구를 떠올렸다고 한다.

"Dawn breaking as slowly as an iceberg, every slowly sort of cracks away. (……)"

하지만 무언가 미진하여, 다시 적확한 영어단어를 찾아 헤매던 중, 소가 출산할 때 송아지가 조금씩 나오는 이미지가 떠올랐다고 한다. 이 모양새에서 'calving'이라는 단어를 찾았고, 그녀의 최종 번역은.

"Dawn calving slow as ice."

무척 간결해졌다. 그만큼 문장의 길이도 짧아졌다. 이 표현이 한국어 표현인 "서서히 조여 오는 거대한 얼음 같은 새벽빛 속에서"를 대체하였는데, 이에 작가도 동의하였을까.

문학작품의 번역은 어렵다.

그러나 원작자가 영어를 잘 알고 번역자와 깊이 소통해 나가는 번역의 결과는, 그렇지 않은 경우와 차원이 달라진다. 원전이 중요하지만, 비영어권의 작가인 경우에 원작자의 영어실력도 중요한 이유이다. 한강 작가와 스미스 씨의 유쾌하고 진지한 공동 작업이 눈앞에 선히 그려진다.

작품 《흰》의 고요한 폭발성

나는 문학평론가로 작품 《흰》을 분석하는 것은 아니다.

단지 작품 《흰》에 나타난 특성이 소설가 한강을 왜 진한국인의 원형으로 부르게 되었는지, 어떠한 측면에서 서양인들이 한강작가의 작품을 읽고 깜짝 놀라며 극찬을 아끼지 않는지, 그 근원지는 진한국인의 3가지 특성의 관점에서 어떻게 설명할 수 있는지, 이야기하고자 한다.

한강작가의 소설 《흰》은 매우 실험적이다.
해체를 두려워하지 않았다.

시인지, 에세이인지, 소설인지 알 수 없는《흰》은 작품을 부수고, 부순 후에 나온 조각들을 새로이 짜 맞추며 언제나 새로운 시작으로 단어를 문구로, 문구를 문단으로 그것을 다시 불타오르는 이미지로 만들 수 있다.

조각으로 분해할 수 있다는 것은 분명 서양적이지만, 그렇다고 그것이 전부는 아니다.

서양식으로 분해되는 압축적이고 정교한 조각들을 다시 짜 맞추는 과정에서 나만의 이야기를 만드는 것이 가능해진다. 마치 물이 수소 2개와 산소 1개의 요소로 쪼개지지만, 그 요소들의 조각에 나의 상상력을 결합하면 나만의 새로운 이야기가 얼마든지 만들어져 물이 아닌 또 다른 무엇이 될 수 있다.

《흰》은 소설이지만, 지금까지의 소설에서 기대했던 플롯이나 강한 캐릭터의 설정 등은 잊어야 한다. 때로는 시와 같고, 때로는 에세이 같은 이 소설은 읽는 이가 주체가 되어 스스로 적응하며, 자기 조직화하는 사이에 이야기란 결코 조립되는 것에 그치지 않고, 자생적으로 발생하는 '그 무엇'이 될 수 있다는 신비로운 경험을 하게 된다.

이는 전형적인 서양적 소설 작법인 주제의 큰 틀을 세우고 잘게 쪼개진 플롯을 짜고 배치한 것이 아니라, 본질을 실어 나르는 감각의 조각을 출발점으로 삼아 조각들이 맞추어지는 가운데 큰 틀의 이미지가 형성되는 작가만의 독특한 세계를 보여준다.

독자들에게 소설 《흰》은 당황스러울 수 있다.

하지만《흰》을 읽다 보면, 목차의 순서를 뒤바꾸어서 나만의 독창적인 이야기를 만들어 보고 싶다는 강한 욕구를 느끼게 된다. 마이클 잭슨의 음악이 우리의 몸을 일으켜 춤추게 만들듯이, 《흰》은 우리의 마음을 일으켜 나만의 이야기를 만들게 한다.

서양식처럼 조각으로만 부서지는 것이 아니라, 바람이 불어오니 어느덧 봄, 동쪽, 나무, 초록이 떠오르는 우리만의 정서가 강하게 밀려온다. 아마도 서양인들도 이 기이한 경험 때문에 "이게 뭐지?" 하는 질문을 던지지 않았을까.

《흰》은 64개의 제목이 붙은 3부의 연작소설이지만, 이들은 개인적인 독립성을 유지한 채, 다시 묶여서 마지막에는 독자 자신만의 개별적인 새로운 의미를 가진 이미지가 순식간에 회오리처럼 휘몰아친다. 작가는 이를 "온 힘을 다해 한 번에 그어 불꽃이 일어나듯이, 그렇게 활을 그으면 철현에서 소리가 난다."라고 했다.

나도《흰》에서 나의 제목을 가지고 이야기를 재구성해 보았다.

다시 서는 자리에서

서리가 내리면 나무들은 잎을 떨어뜨리며 차츰 가벼워진다.
하지만 외투를 꺼내 입은 남자와 여자들의 뒷모습에, 무엇인가 견디기 시작한 사람들의 예감이 배어있다.

삶은 누구에게도 특별히 호의적이지 않다. 그 사실을 알면서 걸을 때 내리는 진눈깨비. 이마를, 눈썹을, 뺨을 물큰하게 적신다. 모든 것은 지나간다. 그 사실을 기억하며 걸을 때, 안간힘을 움켜쥐어온 모든 게 기어이 사라지리란 걸 알면서 걸을 때 내리는 진눈깨비. 그러다 눈보라가 치는 언덕길을 혼자 올라가고 있었다. 세차게 휘몰아치는 눈송이들을 거슬러 계속 올라갔다.

알 수 없었다.
대체 무엇일까.
이 차갑고 적대적인 것은? 동시에 연약한 것, 사라지는 것, 압도적으로 아름다운 것은?

흰 입김이 새어 나온다. 하얀 날숨이 된다. 우리 생명이 희끗하고 분명한 형상으로 허공에 퍼져나가는 기적. 어떤 기억은 시간으로 인해 훼손되지 않는 다. 고통도 마찬가지다. 그게 모든 걸 물들이고 망가뜨린다는 말은 사실이 아니다.

하얀 돌을 꺼내 손바닥 위에 얹어보았다. 침묵을 가장 작고 단단한 사물로 응축시킬 수 있다면 그런 감촉일 거라고 생각했다. 갈대숲으로 둘러싸인 작 은 늪에 야생오리 한 쌍이 살고 있다. 살얼음의 표면과 아직 얼지 않은 회청 색 수면이 만나는 늪 가운데서 나란히 목을 수그려 물을 마시고 있다.

더 나아가고 싶은가.
그럴 가치가 있는가.

그렇지 않다.
라고 떨면서 스스로에게 답했던 때가 있었다.

이제 어떤 대답도 유보한 채 걷는다. 살풍경함과 아름다움 사이에서 절반쯤 얼어 있는 그 늪가를 벗어난다. 길었던 하루가 끝나면 침묵할 시간이 필요 하다. 난롯불 앞에서 자신도 모르게 그렇게 하듯, 침묵의 미미한 온기를 향 해 굳은 손을 뻗어 펼칠 시간이다.

삶은 직선이 아니다.

어느 사이 굽어진 모퉁이를 돌아가는 나를 발견한다. 문득 뒤돌아본다 해도 그동안 겪었던 어떤 것도 눈에 보이지 않고 새로운 국면으로 들어섰다는 사실을 깨닫게 될지 모른다.

연하고 끈덕진 연둣빛 봄풀들로 덮여 있을지 모른다. 그제야 주변의 모든 나무들이 되살아나고 있다는 사실이, 더 무성해지기 위해 위로, 허공으로, 밝은 쪽으로 타오르고 있다는 사실을 깨닫게 될지도 모른다.

부서져 본 적이 없는 사람의 걸음걸이를 흉내 내어 여기까지 걸어왔다면, 할 일이 몇 가지 남았다.

거짓말을 그만둘 것.
장막을 걷을 것.
초를 밝힐 것.

여기 다시 서는 자리에서.

끔찍한 고통을 경험한 적이 있다.
영어와 독일어로 공부하던 시절
둘이 엉켜 먹통이 되었다.

한국어로 인사조차 할 수 없었다.
언어가 형체를 알 수 없는
괴물로 둔갑하여 나를 공격하다니.

"영어와 독일어 중 뭐가 더 어려워요?"

2분이 채 지나지도 않아
정답을 요구한다.

둘 중의 하나가 왜 그토록 중요한가.

무슨 의미가 있는가.

6장

세상과 연대하기

21세기의 겸허한 이해는 해체와 소통이다

세대의 소통
편견을 깨면 세대의 벽이 무너진다

어느 화창한 봄날, 친구와 점심을 하게 되었다.

친구는 딸의 이야기를 꺼냈다. 엄청난 일을 겪었다면서.

사실 그동안 딸이 무슨 모임들을 기획한다며, 몇 번인가 자신과 남편을 초대했지만 한 번도 가 본 적이 없다고 했다. 그래서 어느 날 모처럼만에 마음을 먹고 저녁 모임에 가봤다고 했다. 친구가 도착했을 때는 이미 많은 사람들이 모여 있었다. 트랜스젠더가 자신의 경험담을 들려주는 모임이었다. 떨리는 목소리로 눈물을 쏟으며 이야기를 이어가는 여자도 남자도 아닌 모습에 친구는 당황했고, 그가 들려주는 낯선 이야기를 더 이상 들을 수 없어 그 자리를 조용히 빠져나왔다고 했다.

친구는 집에 돌아와 불도 켜지 않은 채 소파에 넋을 놓고 한참을 그 대로 앉아 있었다.

그런데 딸이 돌아와서는 친구의 복잡한 마음은 안중에도 없고, 엄마한테 실망했다며 비난을 쏟아내기 시작했다. 끝내 참았던 울분이 복받친 친구는 "딸 하나밖에 없는 내가 너를 어떻게 키웠는데, 네가 어떻게 이럴 수 있니?"하며 언성이 점점 높아지다 싸움으로 번져 울음바다가 되었다.

그런데 딸이 자기 방으로 들어가기 전에 마치 최후의 진술처럼 한 말이 마음에 와서 그대로 꽂혔다고 했다.

"엄마는 트랜스젠더가 그 자리에 나오기까지, 땀을 비 오듯이 흘려가며 대중들 앞에서 자신의 이야기를 하기까지, 얼마나 많은 정신적인 어려움을 겪었는지, 생각해 본 적이 있어? 그들이 무슨 잘못이 있어. 태어나 보니 세상과 어긋나고 삐걱거리는데 그게 걔네들 잘못이야? 아니잖아."

맞다. 그들의 잘못은 아니지.
순간 친구는 뒤통수를 망치로 맞는 느낌이었다고 했다.

'나는 얼마나 좁은 시야 속에서 살았나. 얼마나 많은 편견을 가지고 살아왔나.'

엄마의 세대는 확실히 정해진 틀에서 내 가족만 잘 되면 된다는 생각에서 살아왔는데.

딸은 어린 나이에도 자신의 시선으로 자신의 내면세계가 외치는 목소리에 귀 기울이며 자신이 옳다고 믿는 가치를 행동에 옮기다니. 물론 강연에 참석한 사람들의 행동으로 금방 세상이 달라지지는 않겠지만, 잔물결을 일으키고 있는 딸의 연대를 이해하는 계기가 되었다고 했다.

나는 용기 내어 딸의 이야기를 해 준 친구를 보았다. 창가로 들이치는 햇살 때문인지 친구의 모습은 환하게 빛났다. 이제는 그 강연을 기획한 딸을 우리가 응원할 차례라고 나는 힘주어 말했다. 친구의 예쁜 딸이 주목하고 있는 것, 그녀의 가치판단으로 결정하고 선택한 행동들은 모두 귀하다.

딸들, 엄마에게 다가와 말을 걸어주어 고마워.
그리고 이야기를 들려주어 더 고마워.

공감의 논리
대화에도 기본적인 전제가 있다

    포스트모더니즘은 이분법으로 소외되고 억압되던 가치들을 복원하기 위해 노력하는 일종의 문화적이며 실천적 운동이기도 하다. 너무나 오랫동안 억압되어 있던 것들이 많아서, 등장할 때마다 우리를 놀라게 하고 거부감을 불러일으킬 때도 있다.

    그래서 세대 간의 소통이 더욱 중요하다.
    소통은 그냥 이루어지는 것이 아니다.
    거기에는 원칙과 4개의 세부규칙이 있다.

<u>원칙</u>

협동원리로 우리는 대화를 할 때 기본적으로 서로 협력한다는 마음가짐을 가지는 것이다. 그래서 거짓말하지 않고 상대방의 말을 경청한다. 대화에서 이 원칙을 좀 더 구체화하기 위해, 이는 4개의 세부규칙으로 나누어진다.

4개의 세부규칙

1. 질Quality – 거짓이라고 믿는 것은 말하지 말라.
  – 충분히 근거가 있지 않은 것은 말하지 말라.

2. 양Quantity – 대화에서 요구되는 것만큼 충분한 정보를 제공하라.
  – 대화에서 요구되는 것 이상의 정보를 재공하지 말라.

3. 연Relevance – 관련된 말을 하라.

4. 태Manner – 모호함을 피하라.
  – 중의성을 피하라.
  – 간결하게 말하라.
  – 순차적으로 말하라.

이러한 세부규칙은 1968년 영국의 그라이스가 만들어 언어학의 화용론 분야에 큰 영향력을 주었지만, 이 이론은 기본적으로 누구나 한 번쯤 들어보았을 칸트의 철학에 근거한 것이다. 영국인들은 독일의 무거운 철학을 원인과 효과에 근거하여 목적에 맞게 참 잘 만든다는 생각이 든다. 둘 다 훌륭하다. 대화를 성공적으로 하려면 거짓말과 필요 이상의 말은 금물이며, 관련성 있는 이야기를 간결하고 선명하게, 그리고 논리적으로 해야 한다.

그런데 만일 이러한 세부규칙을 어기는 사람이 있다면?

거짓말은 하지 않더라도 말을 장황하게 늘어놓거나 관련도 없는 말을 횡설수설하며 애매모호한 말을 하는 사람들은 때로 무슨 의도가 있을 수 있다. 반면에 대화의 세부규칙을 의도적으로 위반하여 지적인 추론의 가능성을 열어둔 채, 함축적인 의미를 전하려는 경우도 있을 것이다.

원칙과 4개의 세부규칙은 멋진 대화를 위한 기본 전제이다.
실전은 직접 부딪혀 봐야 한다.
그리고 그것은 각자의 몫이다.

21세기 세상
행복의 가치를 함께 복원하다

21세기 대한민국은 소통이 잘 되는 나라였으면 좋겠다.

부모와 자식, 상사와 직원, 선생과 학생, 그 누구와도 원활한 대화가 이루어졌으면 좋겠다. 그래서 이를 원동력으로 좀 더 풍요로운 대한민국이 되었으면 좋겠다.

그런데 아직도 철이 지나간 이분법적 사고 틀을 무리하게 들이대거나, 이를 무기 삼아 막무가내로 행동하는 사람들이 적지 않다.

사실 이분법적 사고는 복잡한 세상을 놀랍도록 단순하게 정리해 주는 유용한 틀이다.

　이는 오랫동안 세계를 이해하는 가장 강력한 틀로 군림해 왔다.

　그러나 세상의 틀이 흑백의 논리라면, 모두가 평화롭게 공존하기란 쉽지 않다. 여기에는 필연적으로 히나의 세계기 다른 세계를 억압하거나 차별하여, 우월한 것들이 열등하다고 여기는 것들을 향해 당위성을 획득하기 때문이다. 그래서 갑질 논란이 잊을만하면 또다시 일어나고, 인종차별은 지금 바로 이 순간에도 세계 곳곳에서 수없이 자행되고 있다. 여성차별은 참정권을 획득하였음에도 아직 갈 길이 멀다.

　그러다 누군가 이렇게 외쳤다.

　"살아있네!"

　살벌한 환경에서 많이 쓰여서 점잖은 우리말 표현은 아니지만, 이 말이 공유되는 순간 장내는 웃음바다가 된다. 우리의 정서를 자연스럽고 편안하게 드러내며, 알 수 없는 우리만의 공감대가 형성되기 때문일까. 누군가 상대의 내면을 읽어 그 존재감을 드러내 주는 도움의 순간, 우리의 해학은 폭발한다. 논리가 아니라, 편견을 깨는 겸허한 마음으로 우리를 해체해 보려는 그 단 한 번의 용기가 우리를 하나로 만든다.

이제 길라잡이에서 약속했던 시간이 되었습니다.
여러분과 작별할 시간입니다.

파랑새는 원래 서양의 은유이기도 했지만, 이 책에서 우리는 '진한
국인'이라는 또 다른 이름의 파랑새가 되기 위해 함께 생각하고, 토론
하며, 행동할 채비를 하였습니다. 행복은 평범하고 가까운 곳에 있다
고 하는데, 저는 여러분과 다양한 벽을 넘어 아주 먼 곳까지 갔다 돌아
왔습니다.

창가에서 날아갈 듯 천천히 걸어가는 파랑새를 발견하면
저에게 알려주십시오.
다시 만날 날을 기약합니다.

요즈음 친구의 표정이 밝다.
자신을 한번 해체하고 나니
주위와 소통이 원활해졌다고 했다.

아들딸과도 문제가 없다.

물론 충격은 있었다.
진정한 대화로 풀고 나니
어떤 주제에도 부딪힐 수 있었다.

멋지지 않은가.

다 같이 똑똑해지며 따뜻해지는
집단지성의 시대.

21세기 우리 한국인이 사는 세상이다.

주

1. 감정의 지정학. 2010. 도미니크 모이시 지음. 유경희 옮김. 랜덤하우스. 69쪽.
Moisi, Dominique. 2009. The Geopolitics of Emotion.
★책이 출간되었을 때, 서양을 공포로, 이슬람을 굴욕으로, 아시아를 희망의 감정으로 명시하여 주목받았습니다.

2. 렉세스와 올리브나무. 2009. 토머스 프리드먼 지음. 장경덕 옮김. 21세기북스. 157-170쪽.
Friedman, Thomas. 2000. The Lexus and the Olive Tree.
★세계화는 승자독식의 사회로 렉세스는 새로운 것을, 올리브나무는 오래된 것을 상징합니다.

3. 호모데우스. 2017. 유발 하라리 지음. 김명주 옮김. 김영사. 121-126쪽.
Harari, Yuval. 2017. Homo Deus.
★알고리즘은 기술분야 뿐 아니라, 인간사 전반에 걸쳐 21세기의 가장 중요한 어휘라는 저자의 주장에 귀를 기울일 필요가 있습니다.

4. 제2의 기계시대. 2014. 에릭 브릭욜프슨과 앤드루 맥아피 지음. 이현음 옮김.
Bryniolfsson, Eric & McAfee, Andrew. 2014. The Second Machine Age.
★제1차 기계시대는 기계가 인간의 몸을 대체하였지만, 21세기 제2의 기계시대에서는 기계가 몸뿐만 아니라 뇌마저 대체한다는 기계 중심적 시대분류가 흥미롭고 묘한 설득력으로 다가옵니다.

5. 제4차 산업혁명. 2016. 클라우스 슈밥 지음. 송경진 옮김. 새로운 현재.
2016 World Economic Form.
*2016 다보스포럼의 결과보고서를 출판사가 포럼에 동의를 구하여 책 제목을 〈The Fourth Industrial Revolution〉으로 소개하였습니다. 그 이후 다른 나라에서는 흔히 쓰이지 않는 '4차 산업혁명'이라는 용어가 우리나라에 널리 퍼지게 되었습니다.

6. 스웨덴 기자 아손. 100년 전 한국을 걷다. 2005. 아손 크랩스트 지음. 김상열 옮김. 43-45쪽.
*인용 부분은 10년이 지난 후에.
뉴턴의 무정한 세계. 우리의 시각으로 재구성한 과학사. 2014. 정인경 지음. 33-34쪽에 서도 인용된 것을 확인할 수 있습니다.

7. 전문직의 미래. 2016. 리처드 서스킨드와 대니얼 서스킨드 지음. 위대선 옮김. 와이즈베리.
Susskind, Richard & Susskind, Daniel. 2015. The Future of the Professions: How the Technology transform the Work of Human Experts. Oxford University Press.
*이 책이 발간된 이후 전문가의 규범과 전문가의 교육을 위한 본격적인 논의가 탄력 을 받게 됩니다.

8. 스티브 잡스. 2011. 월터 아이작슨 지음. 안진환 옮김. 민음사. 202쪽.
Isaacson, Walter. 2011. Steve Jobs.
*잡스는 원래 회색빛의 무거운 소니의 제품을 좋아하였으나 독일 바우하우스의 미니멀니즘에 심취한 이후(211-223쪽), 오늘날 우리가 휴대하는 기계를 만들게 되었습니다.

9. 힙합의 시학. 2017. 애덤 브래들리 지음. 김봉현&김정주 옮김. 글항아리.
Bradly, Adam. 2009. The Poetics of Hip Hop.
*힙합의 인문적 측면을 이해할 수 있는 번역서로 1부에서는 리듬, 라임, 언어유희/ 2부에서는 스타일, 스토리텔링, 시그니파잉을 다룹니다.

10. 일상적이지만 절대적인 양자역학지식 50. 2016. 조앤 베이커 지음. 배지은 옮김. 반니. 도표는 236쪽.
Baker, Joanne. 2013. 50 Quantum Physics Ideas You really Know.

11. 슈뢰딩거의 고양이. 2009. 에른스트 페터 피셔 지음. 박규호 옮김. 들녘. 64-65 쪽.
Fischer, Ernst Peter. 2000. Schrödingers Katze auf dem Mandelbrotbaum durch die Hintertür zur Wissens.
*인용문은 저자 피셔가 미국 작가 레이먼드 챈들러의 1938년 2월 19일 일기에서 발췌한 것입니다. 챈들러는 예술과 과학이라는 문화의 쌍이 얼마나 밀접하고 견고하게 맺어져 있는가를 멋진 비유로 설명하고 있습니다.

12. "구름학교를 새우자". 2013. 수가타 미투라가 TED총회에서 강연한 비디오클립입니다.
Mitra, Sugata. 2013. "Build a School in the Cloud"
http://www.ted.com/talks/sugata_mitra_build_a_school_in_the_cloud
*미투라는 인도의 가난한 아이들에게 몇몇 기술만 제공하여도 스스로 훨씬 더 많은 것 을 배울 수 있다는 연구프로젝트로 100만달러의 TED상금을 받은 바 있습니다.

13. 공부의 배신. 2015. 윌리엄 데레저위츠 지음. 김선희 옮김. 다른. 49-65쪽.
Deresierwitz, William. 2014. Exellent Sheep.

14. *Itten, Johannes. 1963. Mein Vorkurs am Bauhaus. Gestaltungs- und Formlehre. Ravenburg. Otto Maier Verlag. 181-191.*

15. *5년 전 경기도 화성에 있는 H초등학교의 선생님께 논문작성을 위해 아이들의 새 그림을 부탁드린 적이 있었습니다. 워낙 귀중한 자료여서 늘 간직하고 있다가, 이번에 그중에서 4점을 공개합니다. 이를 허락해 주신 선생님께 진심으로 감사드립니다.
저는 학생들의 다양하고 멋진 재능에서 우리의 밝은 미래를 보았습니다.

16. 생각의 지도. 2004. 리처드 니스벳 지음. 최인철 옮김. 김영사. 147쪽.
Fernald, A. & Morikawa, H. 1993. Common Themes and Cultural Variations in Japanese and American Mothers' Speech to Infants. Child Development 64. 637-656.
Nisbett, Richard. 2003. The Geography of Thought.
*니스벳교수가 인용한 앤 퍼널드와 히로미 모리카와 교수의 논문을 재인용하였습니다.

17. *Edeler, Uwe-Carsten. 2004. Wie man Werbung macht. Verlag an der Ruhr. 14-15.*
★지도교수님과의 면담은 1984년에 이루어졌기 때문에 그 당시의 책을 찾을 수 없었습 니다. 단지 '인지부조화'에 관한 착시의 그림이어서, 에델러의 책에 수록된 그림으로 대체하였습니다.

18. 인연. 피천득 수필집. 1996. 샘터. 17-19쪽.

19. *Kaplan, Robert. 1966. Cultural Thouhgt Patterns in Intercultural Communication.*
★8년 전 인터넷에서 케플런의 도표를 발견하고 화들짝 놀란 적이 있었습니다. 제가 오랫 동안 사용하여 왔던 도표와 근사하였기 때문이었습니다. 다른 문화권의 학자와 상호 확인하며 검증을 마친 느낌이 들어, 그동안 강의실에서만 사용하였던 저의 도표를 조심스럽게 제시해 봅니다.

20. 배우수업. 2001. 콘스탄틴 스타니스랍스키 지음. 신경수 옮김. 예니. 95쪽.
Stanislavski Constantin. An Actor Prepares.
★스타니스랍스키의 문구에서 영감을 받아, 그 당시의 대화상황을 저의 상상력으로 구성해 본 장면입니다.

21. 한강 작가님의 아버지와 번역자에 관련된 인용문구는 이미 언론에 보도된 내용입니다. 누구나 인터넷에서 검색가능하여, 개별적인 출처는 생략하였습니다.

주

감사의 글

그동안 가족들의 지치지 않는
응원과 도움이 있었습니다.
문록선, 문화선, 김원정, 장형석 고맙습니다.

그리고 세상을 너무 짧게 살고가신 부모님,
파랑새가 되어 살고계신 문명상, 김양순님께
이 책을 바칩니다.